자 본 의
새 로 운
선지자들

The New Prophets of Capital
By Nicole Aschoff

Originally published in 2015 by Verso, UK.
Korean translation rights arranged with Verso, UK
and Pentagram Publishing Co., Korea through PLS Agency, Korea.
Korean edition published in 2017 by Pentagram Publishing Co., Korea.

이 책은 한국출판문화산업진흥원의 출판콘텐츠 창작자금을 지원받아 제작되었습니다.

이 도서의 국립중앙도서관 출판예정도서목록(CIP)은
서지정보유통지원시스템 홈페이지(http://seoji.nl.go.kr)와
국가자료공동목록시스템(http://www.nl.go.kr/kolisnet)에서 이용하실 수 있습니다.
(CIP제어번호: CIP2017029206)

자본의
새로운
선지자들

21세기 슈퍼엘리트
스토리텔러 신화 비판

니콜 애쇼프 지음
황성원 옮김

도서출판
펜타그램

미국 진보 진영 젊은이들의 목소리를 대변하는
새로운 좌파 '자코뱅'(Jacobin)

미국을 대표하는 새로운 급진주의 저널 '자코뱅'은 뉴욕에 근거지를 둔 계간 잡지이다. 2010년 9월 온라인 잡지로 출범했으며, 연말부터 종이 잡지의 발행도 시작했다. 급진적 출판 활동을 표방한 '자코뱅'은 신자유주의 영향으로 미국 사회에 새롭게 등장한 젊은 세대의 산물이다. 그들은 냉전 패러다임에 갇혀 있는 낡은 좌파 지식인들의 고정관념에서 탈피하고자 한다.

'자코뱅'은 미국에서 급진주의 진영의 목소리를 내는 데에 앞장서고 있으며, 정치, 경제, 문화 등 여러 분야에서 사회주의적 관점을 제공하고 있다. 계간으로 발행되는 잡지의 구독자는 1만 5천 명에 이르고, 웹사이트 독자는 월간 70만 명을 헤아린다. '자코뱅'은 2013년부터 버소, 랜덤하우스 등 출판사와 파트너십을 맺고 단행본 출판 사업도 펼치고 있다.

2013년 1월 〈뉴욕타임스〉는 '젊은 출판인들이 마르크스를 주류에 끌어들이다'라는 타이틀로 '자코뱅'을 다루고, '자코뱅'이 거둔 기대 이상의 성공과 주류 자유주의 계열과의 연관에 대해 지적했다. 노엄 촘스키는 '자코뱅'에 대하여 다음과 같이 평하였다. "자코뱅 잡지의 출현은 어두운 시대를 밝히는 밝은 빛이 되어 왔다. 매호마다 예리하고 활발한 토론, 정말 중요한 문제에 대한 분석을 보여 준다. 그들의 사려 깊은 진보적 관점은 산뜻하고 지극히 신선하다. 상식과 희망을 제시하는 데 정말로 인상적인 기여를 하고 있다."

이처럼 '자코뱅'은 창간 이래 현실 정치 및 사회문제에 대한 날카롭고 시의적절한

발언과 토론, 패션지를 방불케 하는 산뜻한 디자인으로 눈길을 끌었으며, 명실상
부하게 미국 진보 진영의 젊은 세대를 대변하는 잡지로 성장했다.

출범 직후인 2011년 뉴욕 월스트리트 점령 시위 과정에서 '자코뱅'의 관련 기사들
이 널리 읽히면서 도약의 계기가 마련되었고, 이후 〈뉴 레프트 리뷰〉, 〈가디언〉은
물론 〈뉴욕타임스〉 등 여러 진영의 기성 언론에서 발행인 겸 편집인 바스카 순카
라(Bhaskar Sunkara)를 인터뷰하는 등 이 젊은 좌파 잡지의 대두를 주목하게 되
었다. '자코뱅'은 최근의 미 대통령 선거에서 샌더스 돌풍을 읽는 진보적 시각의 중
요한 창구 역할도 하였다.

이 그룹의 성공은 미국 사회의 양극화와 불평등 구조의 악화 속에 새롭게 등장
한 젊은 세대의 운동, 급진적 지식인의 출현, 기술적 발전, 매우 대중적인 정치적
입장의 결과이다.

'자코뱅'은 급진주의 저널임에도 불구하고 중도 리버럴 성향의 독자가 적지 않은
것으로 파악되고 있는데, 사회주의적 입장을 견지하면서도 특정 사회적 이슈와 선
거 등 사안에 따라 폭넓은 연대의 가능성을 열어놓고 있다.

《자본의 새로운 선지자들(The New Prophets of Capital)》은 '자코뱅'과 서구사회
의 진보적 사상을 대표하는 출판사 버소(Verso)가 협업을 통해 만들어내고 있는
'자코뱅 시리즈' 중 하나이다.

차 례

일러두기

• ( )은 저자, [ ]은 역자의 설명이다.
• 인명의 원어 표기는 맨 처음 한 번만 표기하였다.
• 외래어의 인명과 지명 표기는 국립국어원의 외래어 표기법 원칙에 따랐다.

들 어 가 며

스토리텔링

사회질서를 재생산하는 이야기의 힘

우리는 모두 이야기꾼이다. 우리는 삶의 순간들을 손질하고 생략하고 선별하여 새로운 이야기를 만들어 낸다. 우리 삶에는 반드시 '이야기'가 필요하다. 이야기는 우리가 친구와 연인을 찾을 수 있게 도와주고, 우리의 가치와 신념을 설명해 주며, 능력과 신용을 과시하고, 아이들에게 이 세상을 탐색하는 방법을 알려 준다. 이야기는 우리가 재미있고 공감 능력이 있으며 영웅적이고 책임감이 있는 사람처럼 보이게 해 준다. 하지만 우리의 이야기들은 대부분 힘이 없다. 그저 우리 옆에서 좀 얼쩡대다가 다른 사람들의 이야기와 잘 어울리지 못하면 사라져 버린다. 하지만 간혹 화자의 힘에 비례하여 이야기가 점점 커져서 어떤 한 집단이나 사회운동 혹은 역사의 한순간을 좌우하는 거대하고 포괄적인 이야기가 되기도 한다.

이야기가 힘을 가지고 무언가를 좌우하게 되는 것은 사람들이 이야기를 사랑하고 사회에 이야기가 필요하기 때문이다. 거대한 이야기들은 의미를 제공하고 이를 고정시킴으로써 사회질서를 재생산한다. 이런 이야기들은 우리가 아침에 이불을 박차고 일어나 어디로 가야 할지를 알려 준다. 누가 친구고 누가 적인지를 알려 준다. 희망을 품게 하고 두려움을 이겨 내게 해 주며 외톨이가 된 것 같은 느낌을 물리쳐 준다. 아난시[아프리카 설화에서 모든 이야기를 알고 있는 거미 형상의 존재], 마나스[키르기스의 전통 서사시], 베오울프[영국 서사시에 등장하는 북유럽의 영웅], 파바티[시바 신의 아내] 같은 옛날이야기들이 당시 사회에 중요했던 것처럼, 우리가 오늘날 듣고 전달하는 큰 이야기들(자유시장과 테러리즘, 아메리칸드림에 대한 이야기들)은 지금 사회에 반드시 필요하다.

자본주의 사회에는 특히 이야기가 필요하다. 우리의 일상생활을 규정하는 것은 학교에 가고, 출근하고, 아이들을 돌보고, 가십에 귀를 기울이며, 즐겁게 웃고, 이런저런 일에 스트레스를 받는 일 같은 것들이다. 하지만 이 모든 미시적인 상호작용들은 이윤 추구를 주목적으로 하는 더 큰 일단의 구조와 관계 속에서 발생한다. 대다수의 사람들은 인간의 필요를 충족하기 위해서가 아니라 자본가들에게 투자 수익을 안겨 주기 위해 만들어진 일에 종사한다. 월급쟁이든 자본가든 우리는 모두 인류의 필요를 충족시키거나 공익을 위해 봉사하는 것이 아니라 더 많은 이윤을 영속적으로 축적하기 위해 고안된 시스템 안에 갇혀 있다. 이상한 사회 조직 방식이 아닐 수 없다. 이는 사회적·상호적인 존재라는 우리의 본성에 어긋난다. 하지만 자본주의가 살아남아 번성하려면 사람들은 기꺼이 그 구조와 규범에 참여하여 이를 재생산해야 한다. 사회에서 가장 절박한 상황에 놓인 집단과 빈민들을 통합하기 위해 억압과 협박을 동원하기도 하지만, 이윤을 장기적으로 창출하기 위해서는 이것만으로는 부족하다. 많은 사람들이 자본주의 사회가 자신들의 창의력과 에너지와 열정을 투여할 만한 대상이고, 여기서 일말의 의미를 얻을 수 있으며, 이를 통해 정의와 안전에 대한 필요를 충족시킬 수 있다는 믿음을 적극적으로 혹은 최소한 소극적으로라도 품어야 한다.

하지만 이윤 추구 논리 그 자체에는 이런 의미와 정의감을 제공할 만한 무언가가 전혀 내장되어 있지 않다. 자본주의는 이윤 추구 회로 밖에 존재하는 문화적 아이디어에 의지해야 한다. 이런 문화적 아이디어 중에는 자본주의의 규범과 구조를 지지하는 것도 있고 자본주의에 비판적인 것도 있다. 사회학자 뤽 볼탄스키(Luc Boltanski)와 에바 치아펠로(Eva Chiapello)에 따르면 자본은 두 가지 유형을 다 필요로 한다. 개별 자본가는 이윤 추구의 최고 지위에 대한 도전을 억압하고 뒤흔들려고 할 수 있다. 하지만 시스템 전체 차원에서 보면, 비판의 목소리는 자본주의가 진화하고 일부 모순을 일시적으로 해소할 수 있게 강제하며, 이로써 자본주의 시스템을 지켜 준다는 점에서 자본주의에 유익하고 생산적이다. 실제로 사회 전체가 기꺼이 참여하게끔 유도하는 새로운 정당화 원리를 주기적으로 내놓는 자본의 능력은 자본주의가 뿌리 깊은 위기 때문에 한 번씩 홍역을 앓으면서도 이렇게까지 장수할 수 있었던 비결이기도 하다. 20세기 최고의 사회사상가 중 한 명인 막스 베버(Max Weber)를 따라, 볼탄스키와 치아펠로는 자본주의와 이윤 추구의 최고 지위를 정당화하고 합리화하는 이 신념 체계를 "자본주의 정신"이라고 부른다.[1]

오랜 세월 동안 이야기는 자본주의 정신의 핵심 요소였다. 금욕적인 프로테스탄트들은 경제적 합리주의와 기업가를 미화하는 이야기들을 풀어놓았다. 벤저민 프랭클린(Benjamin Franklin)은 우리에게 "시간은 돈"이고 절약과 검소는 바람직한 성격을 나타내는 미덕이라고 가르쳤다. 위대한 실업가들은 인내와 비전에 대해, 그리고 "경쟁의 법칙"이 어떻게 인간이라는 종을 심화시킬 수 있는지에 대해 이야기를 풀어놓았다. 노동은 미덕이고 이윤 역시 미덕이라는 이런 이야기들은 상당한 성공을 거두었다. 이제 평생 죽도록 일하는 것은 완벽하게 자연스러워 보인다. 과거엔 상품 관계 밖에 있었던 것들이 점점 시장 좌판에 놓이고 있는 것에 대해 우리는 거의 문제 삼지 않는다.[2]

자본주의를 풍미한 이야기들

사람들은 자본주의에 도전하는 이야기도 꾸준히 해 왔다. 사실 자본주의 비판은 자본주의 자체만큼이나 역사가 길다. [1886년 5월 4일 시카고에서 일어난] 헤이마켓 대학살과 하루 여덟 시간 노동을 위해 싸우다 죽어 간 아나키스트들의 이야기는 노동자들의 입을 통해 전 세계에 퍼졌다. 1886년 노동자들은 그 전날 경찰이 노동자들을 살해한 사건에 항의하기 위해 시카고 헤이마켓 광장에 모였다. 경찰이 군중을 해산시키려 하자 신원 미상의 누군가가 경찰을 향해 폭탄을 던졌고, 이에 경찰이 발포로 대응하면서 네 명의 노동자가 사망하고 수십 명이 부상을 당했다. 전 세계 노동자들은 이 사건과 이후 벌어진 엉터리 재판을 규탄하며 시위를 벌였고, 이 사건을 기리기 위해 5월 1일을 국제 노동자의 날로 지정했다. 20세기 초에 조 힐[Joe Hill, 1910년대에 주로 활발하게 움직였던 미국 최초의 노동조합인 세계산업노동자동맹의 조직가. 1915년 살인 혐의로 사형당한 뒤 대중적인 영웅으로 추앙받음]과 다른 노동조합 활동가들은 노동자들의 연대와 단일한 거대 조합을 발판으로 단결하여 자본가에 대항하는 노동자를 그린 '연대여 영원하라'나 '반항녀' 같은 노래와 이야기를 가지고 미국 전역을 돌아다녔다. 풀맨 침대차 사환들을 조직하기 위한 혹독한 작전과 1930년대 자동차 노동자들의 연좌 농성은 사람들의 입에서 입으로 무한 재생되면서 필립 랜돌프(A. Philp Randolph)와 월터 루서(Walter Reuther) 같은 사람들을 노동계급의 영웅으로 만들었다.

체제에 도전하는 이야기들은 생산, 이윤, 계급투쟁의 경제 논리에만 국한되지 않는다. 자본주의 사회 내에서 권력의 재생산은 계급을 넘어 젠더와 인종, 섹슈얼리티로 확장되는 억압과 지배의 시스템에 의해 강화된다. 1950년대와 1960년대는 흑인 차별 정책과 인종주의에 대한 로자 파크스(Rosa Parks)와 마틴 루서 킹(Martin Luther King), 그리고 맬컴 엑스(Malcolm X)의 분노에 대한 이야기들로 활기가 넘쳤다. 사람들은 여성성을 찬양하는 문화에 대한 베티 프리단(Betty Friedan)의 좌절에 공감했고, 레이철 카슨(Rachel Carson)에 대한 이야기와 살충제 사용을 중단해야 한다는 그녀의 요구에 귀를 기울였다. 나중에는 운디드니에서 일어난 오글라라 라코타와 FBI 간의 충돌에 대한 이야기[인디언 300여 명이 살해당한 1890년 운디드니 학살 사건이 있은 지 80여년 후인 1973년 오글라라 라코타 부족 200여 명이 운디드니 마을을 점거하고 71일간 연방군과 대치하다 무력으로 소탕당했는데, 이 과정에서 연방군은 인디언 사무국 측의 사병을 동원했고, 여기에 FBI 개입 의혹이 무성하게 제기되었다.]에도 관심을 가졌다. 세계 곳곳에는 제국주의와 식민주의, 전체주의로부터의 해방에 대한 이야기들이 떠돌아다녔다. 제2차 세계대전 이후 짐 크로우[미국의 인종차별법]와 기업 권력, 착취 및 독재에서 벗어난 사회에 대한 더 큰 비전을 태동시킨 것은 바로 이런 이야기들이었다. 1960년대와 1970년대 미국 의회는 노동자와 여성, 유색인종, 소비자, 환경을 보호하는 전례를 찾을 수 없는 법안을 통과시킴으로써 이런 운동들의 요구 사항을 약하게 희석시켜 이행했다. 이에 세계 지도자들은 "민주주의의 과잉"을 개탄했다.[3]

1970년대 말에 이르자 이는 자본의 자신감에 심각한 위기를 초래하는 결과로 이어졌다. 제2차 세계대전 이후 경쟁이 꾸준히 격화되어 1960년대 초가 되자 기업의 이윤율은 제자리걸음을 하다 하락하기 시작했다. 이와 동시에 실업이 급증하고 물가가 상승했다. 많은 기업들이 새로운 일자리에 대한 투자를 중단하고 그 대신 금융에 투자하기 시작했다. 대기업과 국가가 주도했던 진보와 모더니티에 대한 거대 서사는 의심받기 시작했고, 자본주의는 더 이상 최상의 것을 제공해 주지 못하는 듯했으며, 국가는 공익의 수호자가 아니라 지배와 억압의 근원으로 비치게 되었다. 학생, 노동자, 여성, 유색인종들이 뭔가 다른 것을 지속적으로 요구하자 위기는 심화되었고 정치 지도자들은 무엇을 해야 할지 갈피를 잡지 못하는 것처럼 보였다.

이런 혼돈의 와중에 앞으로 나아갈 길을 밝혀 주는 새로운 목소리가 나타났다. 국가가 문제라는 대단히 낡은 생각을 새로 각색해서 내놓은 밀턴 프리드먼(Milton Friedman)도 그 중 하나였다. 밀턴은 단순한 서사를 통해 사람들이 겪고 있는 경제적 곤란과 국가 앞에 놓인 위기가 재정 적자 탓이라고 주장했다. 즉, 너무 많은 지출 때문에 만사가 꼬였다는 것이다. 밀턴의 입장에서 모든 것을 다시 정상화하려면 국가가 지출을 중단하고 더 많은 양질의 일자리와 소비자의 권리, 그리고 시장으로부터의 보호를 요구하는 목소리에 귀를 닫기만 하면 된다.

1980년 미국 대통령에 취임한 로널드 레이건(Ronald Reagan)은 자신의 직위를 이용하여 불만의 목소리를 잠재우고 새로운 관점을 유포했다. 그는 캐딜락을 몰고 다니는 "복지 여왕"과 호시탐탐 기회만 엿보고 있는 "공산주의의 위협", 그리고 감세와 규제 완화를 통해 "사람들의 등골을 더 이상 빼먹지 않는 정부"에 대한 이야기를 퍼뜨렸다. 레이건은 조직 노동자들을 짓밟았다(항공교통관제사 1만 1345명을 해고하여 항공관제관협의회를 와해시켰고 이들이 앞으로 연방정부에 취직하지 못하도록 금지했다). 환경 보호를 느슨하게 완화했으며, 노동자와 소비자의 안전을 담당하는 기관들의 예산을 삭감했다.

극우파가 출현하면서 여성주의자, 민권운동가, 환경운동가들은 꾸준히 투쟁을 전개했지만, 불평분자들을 깨부수는 새롭고 통일된 힘 앞에 이들의 목소리는 점점 파묻혔다. 조직 노동자들은 동요했고, 계급 기반 운동은 명성을 잃어 갔다. 이후 빌 클린턴

(Bill Clinton)의 삼진아웃법에 뒤이은 마약과의 전쟁은 거의 전적으로 흑인과 히스패닉 남성들을 겨냥한 전례 없는 대량 투옥 흐름에 불을 지폈다. 여성들은 여성 서로 간의 직접적인 갈등에 노출되었으며, 여성주의의 전투는 좀 더 포괄적인 해방의 비전을 품어 안기보다는 주도권 싸움으로 전락했다. 1970년대 초 한동안은 노동자들에게 우호적인 듯했던 권력 균형은 누가 봐도 자본에 우호적인 방향으로 바뀌었다.

하지만 1980년대의 패배는 단순히 자본이 그 세력을 결집하고 불만 세력들을 짓밟은 결과가 아니었다. 이 '반혁명'의 지지자들은 스탈린주의의 공포를 포착하여 억압적인 국가기구에 대한 신좌파의 비판을 손질한 뒤 국가의 정당성을 해체했다. 사회 안전망을 제공하고 기업을 규제하는 국가의 핵심적인 역할을 억압적인 "거대 정부"라는 프레임으로 비판한 것이다. 기업은 유연성과 자율성에 대한 노동자와 학생들의 요구를 자기식으로 수용했다. 그리하여 전형적인 회사원을, 직업 안정성이 거의 없고 높은 강도의 스트레스에 시달리는 '자기 계발에 매진하고', '네트워크화된', '창의적인' 개인들로 대체했다. 기업들은 생산을 분산하거나 외주화하고, 근속 기간이 긴 노동자들에게는 직업 안정성을 보장하는 대신 신규 노동자들의 일자리를 없앴다. 노동자를 완전히 대체할 수 있는 기술을 늘리는 등 노조에 정면으로 대응하지 않고도 이들을 약화시킬 수 있는 새로운 방법도 찾아냈다. 그리고 이제 기업들은 물건을 생산하지 않는 대신 금융시장을 통해 돈을 버는 쪽을 종종 택하기도 한다.

1990년대에 이르자 새로운 종류의 자본주의가 출현했다. 학자들은 이를 포스트포디즘, 포스트모더니즘, 포스트구조주의, 후기 자본주의, 심지어 신자유주의, 세계화 등 다양한 용어로 설명한다. 1960년대와 1970년대의 운동은 명맥은 유지했지만, 급진적인 전망은 크게 위축되었다. 사람들은 다시 시민사회에 활기가 넘치던 더 좋은 시절에 대한 이야기를 늘어놓기 시작했다. 사회학자 프란체스카 폴레타(Francesca Polletta)의 주장처럼 민권운동가들과 진보적인 학자들이 신줏단지처럼 여기는 많은 이야기들(몽고메리 버스 보이콧과 미시시피 자유 여름 이야기 같은)은 사회 변화의 청사진으로 기능하기보다는 지나간 사건을 기념하는 데 그치기 시작했다.[4] 오늘날 이런 이야기들은 심지어 우파에게 이용되기도 한다. 글렌 벡[Glenn Beck, 미국의 유명한 우익 논객]과 세라 페일린[Sarah Palin, 전직 알래스카 주지사이자 공화당 부통령 후보]은 눈 하나 깜박하지 않고 마틴 루서 킹을 인용한 적이 있다.

무엇보다 중요한 것은 20세기 말이 되자 사람들의 이야기가 이제는 다른 사회에 대한 더 큰 비전과 연결된 것처럼 느껴지지 않게 되었다는 점이다. 자본주의를 넘어선 삶은 더 이상 그럴싸하지도, 심지어는 가능해 보이지도 않게 되었다. 종말론적인 서사와 시나리오들이 가득한 대중문화와 매체에 매료되는 사람들이 늘어나고 있다는 것은, 자본주의 이후의 삶보다는 차라리 사회의 파멸이 더 그럴듯해 보인다는 폭넓은 의식을 반영한 것이다. 자본주의가 비판을 성공적으로 흡수하고 대체함으로써 혼란과 이데올로기적 무정부 상태, 그리고 압도적인 체념의 기운들이 퍼져 나갔다.

1980년대 자본의 승리는 수익성의 폭발적인 증가로 이어졌고, 엘리트들은 대대적인 조세 감면과 친기업적인 입법, 복지국가의 해체를 통해 자신들의 힘을 강화했다. 하지만 자본주의에서 평화로운 시기는 언제나 일시적이다. 지리학자 데이비드 하비(David Harvey)의 말처럼 "자본은 자신의 위기 경향을 해결하지 못하고 단순히 이리저리 옮겨 놓을 뿐이다."[5] 1990년대 중반에는 급속한 성장 속에서도 엄청난 소득 불평등과 빈곤의 증대, 환경 파괴, 소비자 부채의 폭증, 젠더 구분의 지속, 미래에 대한 끝없는 불안이 넘쳐 났다. 2007년과 2008년의 금융 위기는 위기감을 고조시켰고, 어김없이 자본주의의 미래에 대한 질문들이 대두되었다. 2013년 갤럽의 조사에 따르면 미국인의 80퍼센트가 빈곤에 대처하는 국가의 방식에 불만족스러워하고, 중산층의 절반 이상이 재정 불안정을 가장 걱정한다고 답했다.[6]

바로 이때 이 사회가 어떻게 잘못되어 있고 어떻게 하면 바로잡을 수 있는지를 이야기하는 새로운 스토리텔러 세대가 출현했다. 그 중 가장 강력한 스토리텔러들은 빈민도 노동자도 아닌 슈퍼엘리트들이다. 오늘날 가장 목청 높은 자본주의 비판가는 빈곤과 불평등을 규탄하는 빌 게이츠(Bill Gates)와 젠더 구분의 지속을 애통해하는 셰릴 샌드버그(Sheryl Sandberg) 같은 사람들이지만, 이들은 결코 자본주의의 종식을 주장하지 않는다. 대신에 다른 종류의 자본주의를 요구하는 새로운 엘리트들의 목소리를 이구동성으로 반복한다. 때로 칭찬을 받기도 하지만 무시당하기도 하는 '새로운' 자본주의의 기나긴 목록(깨어 있는 자본주의, 창조적인 자본주의, 지속 가능한 자본주의, 공정한 자본주의, 자선 자본주의, 생태 자본주의, 포용적인 자본주의)은 자본주의에 변화가 필요하다는 정서가 폭넓게 확산되어 있음을 보여 준다.

21세기 슈퍼엘리트 스토리텔러들

이 책 《자본의 새로운 선지자들》은 네 명의 새로운 스토리텔러인 페이스북 최고운영책임자 셰릴 샌드버그, 홀푸드 최고경영자존 매키(John Mackey), 언론계 유력 인사 오프라 윈프리(Oprah Winfrey), 게이츠재단 설립자인 빌과 멀린다(Melinda) 게이츠가전달하는 이야기를 검토한다.[7] 나는 이 각각의 스토리텔러들이 자본주의의 선지자 행세를 하고 있다고 주장할 것이다. 이들은 자본주의에 혹은 자본주의가 사회에 미치는 영향에 심각한 문제가있다고 믿고 있으며, 이들에게는 나머지 사람들이 이 문제를 해결하는 데 사용할 수 있는 계획이나 비전이 있다.

자본주의의 '선지자'가 된다는 것은 무슨 의미일까? 막스 베버는 "개인적인 부름"을 받음과 동시에 새로운 교리를 전파하는 사명에 착수한 카리스마적인 인물을 선지자라고 정의했다. 여기서말하는 새로운 교리란 우리 삶을 더 풍요롭게 하고 세상을 더 나은 곳으로 만들 수 있는 방법에 대한 새로운 비전을 의미한다. 선지자의 권력은 자신의 개인적인 재능, 즉 계시와 카리스마에서 비롯된다. 산업사회 이전의 선지자들은 마법을 이용하거나 기적을행함으로써 자신의 능력을 사람들에게 과시했는데, 이런 능력이 그들의 카리스마의 원천이었다. 오늘날 선지자들은 마법적인 기교를 수행하지 않는다. 대신 이들의 카리스마는 부를 축적하는 능력에서 비롯된다. 나아가 베버는 선지자를 성직자(혹은 엉터리 약장사)와 구분 지어 주는 핵심 요인은 경제적 이익 추구 여부에 있다고 주장한다. 선지자는 사람들의 삶을 개선시키고 사회적 문제를 해결하려 애쓰지만 경제적 보상을 추구하지 않는다. 선지자는 공짜로 복음을 전파한다. 오프라 윈프리와 멀린다 게이츠가 더 나은 세상에 대한 비전을 홍보하는 것은 개인적으로 금전적 이득을 얻기 위해서가 아니다. 그저 자신이 원해서, 사회문제를 해결하는 데 대한 자신의 비전이 참이며 효과적이라고 믿기 때문이다. 이들의 신실한 믿음은 부를 축적하는 '마법적인' 능력에서 기인하는 능력자의 아우라와 결합하면서 이들의 이야기에 폭넓은 호소력을 부여하고 이들을 선지자로 만들어 준다.

사실 이 새로운 스토리텔러들은 몇 가지 점에서 과거의 선지자들과 닮은 구석이 있다. 이들은 더 나은 세상에 대한 자신들의 비전으로 사람들을 끌어들이고, 이들의 이야기는 사회문제에 대한 해설과 해법을 동시에 제공한다. 하지만 이 새로운 서사들은 1960년대와 1970년대에 인기를 누렸던 이야기들과 다른 점도 있다. 자본주의 너머의 삶에 대한 1960년대와 1970년대의 비전은 거기서 태동한 사회운동과 함께 신망을 잃었다. 이들의 유토피아는 비합리적이고 히스테릭한 열망으로 치부되었다. 오늘날의 새로운 엘리트 스토리텔러들은 다양한 사회문제에 대해서, 이윤에 의해 좌우되는 지금의 생산 및 소비 구조의 틀 내에서 실용적인 해법을 제시한다. 이들은 기업 권력, 기술, 젠더 구분, 환경문제, 소외, 불평등 같은 문제에 대한 시장 기반 해법을 홍보한다. 이들의 비전 안에 담긴 총체적이고 일관된 목적은 자본주의 내에서 가능하고 안전하며 성취 가능해 보인다.

존 매키와 빌 게이츠 같은 사람들의 입을 통해 전달되는 대중적인 이야기는, 자본주의 정신의 근간을 이루고 이데올로기의 수단을 제공한다는 점에서 자본주의에 대단히 중요하다. 이들의 관점은 기업의 횡포와 환경문제 같은 자본주의와 연관된 실제 문제들을 강조하지만, 이들이 제시하는 해법은 자본주의나 그 파괴적인 영향에 정면으로 도전하지 않는다. 반대로 이들의 비전과 해법은 자본주의를 강화한다. 새로운 선지자들은 사회문제에 대해 안전하고 시장 친화적인 해법을 제시함으로써 자본주의적 축적의 논리와 구조를 강화한다. 이들의 이야기는 논쟁의 조건과 가능성의 장을 설정함으로써 생각의 수준을 지배하고 현 상태에 도전하는 이야기들을 집어삼켜 버린다. 이들의 이야기는 자본주의가 진화하고 비판을 흡수할 수 있게 함으로써 자본주의를 영구적인 시스템으로 존속시킨다.

선지자들의 이야기는 강력하고, 이들은 자신의 이야기를 전달할 수 있는 수단을 장악하고 있다. 그렇다고 해서 사람들이 항상 이들의 이야기를 믿거나 이들의 메시지에 속아 넘어가는 것은 아니다. 이데올로기는 그보다 훨씬 미세하게 작동한다. 역사학자 바버라 필즈(Barbara Fields)의 설명에 따르면 이데올로기는 "사람들이 자신이 매일 살아가면서 창조하는 사회적 현실을 큰 틀에서 감지할 수 있게 해주는, 일상적 존재를 서술하는 어휘"다.[8] 하지만 철학자이자 문화 비평가인 슬라보이 지제크(Slavoj Žižek)가 말하듯 이데올로기를 우리의 가시계에서 발견하여 제거한 뒤 참된 비이데올로기적 세계를 드러내는 것은 불가능하다. 이데올로기는 우리가 살아가고 생각하는 모든 공간에 깃들어 그 뼈대를 이루고 있는, 세계 그 자체이기 때문이다.[9]

오프라와 셰릴 샌드버그, 그리고 나머지 다른 사람들은 우리의 일상적인 상호작용 이면에 있는 진짜 권력 구조를 감추려 하지 않는다. 이미 우리 세계를 구성하는 데 도움을 주는 신념과 가치를 통해 어느 정도 굴절된 이들의 이야기는 현존 자본주의 사회의 반영물이라 할 수 있다. 이들의 이야기는 일반적인 서사와 플

롯에 호소하고, 기존의 가치와 신념 체계를 강화한다. 그리고 자본의 필요에 맞게 완벽하게 조정된, 모두에게 익숙한 현실을 참고로 인용한다. 이런 이야기에 맞서려면 우리는 지금의 생활 방식을 근본적으로 재고하고, 폭력과 무질서의 공포를 견뎌내야 하며, 사회변혁 과정에서 우리가 길을 잃고 인간됨의 본질과 멀어질 수도 있다는 점을 깊이 이해해야 할 것이다. 또한 상식에 도전해야 하고, 사회학자 피에르 부르디외(Pierre Bourdieu)가 말한 대로 "이 세상은 어떤 식으로도 지금과 달라질 수 없다고 믿는" 뿌리 깊은 경제적 숙명론과 맞서 싸워야 한다.[10]

경제적·정치적 숙명론을 넘어서기 위한 작업의 일환으로서 우리는 이 새로운 선지자들의 주장을 비판적으로 검토하고 이들의 문제점을 이해할 필요가 있다. 이 책은 이런 목표를 달성하기 위한 작은 시도다. 엘리트 스토리텔러들은 빈곤과 환경 파괴, 불평등과 소외를 경감하자고 주장한다. 얼핏 올바르게 보이는 이들의 주장에 왜 회의적인 입장을 취해야 하는지 설명하기 위해서, 나는 개발과 정치경제학, 생태학, 사회운동, 노동, 젠더, 교육을 연구해 온 재능 있고 헌신적인 학자들의 연구를 근거로 삼았다.

일단 나는 여성들이 안으로 들어가서 요직을 거머쥐어야 하며, 나아가 모든 여성주의 전략은 서로 양립 가능하다고 주장하는 페이스북 최고운영책임자인 셰릴 샌드버그부터 다룰 것이다. 샌드버그는 여성주의 프로젝트를 신뢰하면서 여성들을 위한 목소리를 강력하게 내고 있지만, 해방에 대한 샌드버그의 모델은 여성주의의 목표를 달성하지는 못할 것이다. 샌드버그의 요청은 어떤 여성들에게는 유용할 수 있지만, 체제 전반의 차원에서는 여성을 억압하고 분열시키는 힘을 강화할 뿐이다.

2장은 홀푸드 최고경영자 존 매키의 깨어 있는 자본주의 모델을 살펴봄으로써 생태 자본주의와 "지속 가능한" 생산과 소비의 성장 추세를 검토한다. 매키의 서사는 전 세계 자본주의의 급속한 확산에 따른 핵심 문제들과 그것이 환경에 미치는 파괴적인 영향을 강조한다. 그러나 그의 모델은 이윤을 위한 생산이 갖는 근본적인 모순과 규범에 도전하는 데는 실패한다. 인간의 필요는 충족시킬 수 있지만, 이윤 동기는 결코 충족시킬 수 없다. 자본주의 시스템 안에서는 비록 '지속 가능한' 생산이라 할지라도, 환경이 남용되고 잠재적으로 돌이킬 수 없는 위해를 입는 것을 막지 못한다.

3장에서는 언론계 주요 인사인 오프라 윈프리의 자조적이고 영적인 자본주의 모델을 한 꺼풀씩 벗겨 낸다. 아메리칸드림이 그 어느 때보다 실현 불가능해 보이는 이 시기에 오프라의 메시지는 일상 구석구석에서 울려 퍼지며 복제되고 있다. 도움과 치유, 자수성가에 대한 오프라의 메시지는 대학 캠퍼스에도 출현하고, 무수한 인터넷 사업가들이 차용하고 있으며, 프리랜서 유니온 같은 조직들의 비전에도 녹아들어 있다. 하지만 오프라를 비롯해 자수성가를 찬양하는 여러 선지자들은 개인의 성공 전략을 강조함으로써 실제 우리 사회의 권력 구조와 불평등을 가벼운 것으로 치부한다. 이들은 성공의 책임을 오롯이 개인에게 떠넘긴다. 그 과정에서 사회의 여러 가지 결함은 개인의 실패로 둔갑하며, 우리는 소외와 불평등에 도전하는 집단적인 변화의 비전에서 차단된다.

4장은 빌앤멀린다게이츠재단의 철학과 실천을 분석함으로써 세계의 빈곤과 미국의 교육개혁 문제를 다룬다. 게이츠재단의 자신감과 정교함은 매혹적이다. 이들에게는 든든한 연줄과 막강한 재력이 있다. 이들은 문제를 교정하는 방법을 알 뿐만 아니라 이미 교정을 시행하고 있는 듯하다. 하지만 게이츠재단의 정책들은 자본주의 시장의 병폐를 경감하기보다는 의료 서비스나 교육 같은 인간의 기본적인 필요조차 자본주의적 시장에 완전히 장악되도록 다리를 놓아 주고 있다. 그리고 그렇게 함으로써 빈부 간의 격차를 심화한다.

마지막 장은 자본주의 정신의 문제로 돌아간다. 불확실성과 위기의 시대에, 이 책에서 다루는 엘리트 스토리텔러들을 비롯한 전 세계 스토리텔러들의 비판과 아이디어들을 포용한 새로운 자본주의 정신이 태동하고 있다. 하지만 새로운 선지자들은 화룡점정의 경지에 도달하지는 못할 것이다. 사회운동 역시 민주주의와 탈상품화, 재분배를 강조하면서 자본주의의 현 상태에 근본적으로 도전하는 이야기들과 프로젝트를 개발하고 있다. 이런 이야기와 프로젝트들은 이윤이 아니라 사람을 위한 새로운 사회의 비전을 만들어 나갈 것이다.

1   Luc Boltanski and Eva Chiapello, The New Spirit of Capitalism, London: Verso, 2007.

2   Kathi Weeks, The Problem with Work: Feminism, Marxism, Antiwork Politics, and Postwork Imaginaries, Durham, N.C.: Duke University Press, 2011를 참고할 것.

3   "The Crisis of Democracy: Report on the Governability of Democracies to the Trilateral Commission," Noam Chomsky, "The Carter Administration: Myth and Reality," Australian Quarterly 50: 1, 1978, 8–6에서 인용.

4   Francesca Polletta, It Was Like a Fever: Storytelling in Protest and Politics, Chicago: University of Chicago Press, 2006.

5   David Harvey, "The Enigma of Capital and the Crisis This Time," in Craig Calhoun and Georgi Derluguian, eds., Business as Usual: The Roots of the Global Financial Meltdown, New York: New York University Press, 2011.

6   Miles Rapoport and Jennifer Wheary, Where the Poor and the Middle Class Meet, New York: Demos, 2013.

7   오늘날에는 많은 자본주의 선지자들이 각자의 이야기를 하고 있다. 보노[아일랜드 출신의 가수]와 토마스 프리드먼(Tom Friedman) 같은 사람들도 이 목록에 추가할 수 있다. 앨런 핀레이슨(Alan Finlayson)의 "보노이즘"에 대한 연구를 참고할 것.

8   Barbara Jeanne Fields, "Slavery, Race and Ideology in the United States of America," New Left Review 1:181, 1990, 110.

9   지제크가 각본을 쓰고 주연을 맡은 2006년 영화 '기묘한 이데올로기 강의(A Pervert's Guide to Ideology)'에는 이데올로기에 대한 지제크의 관점이 간결하게 설명되어 있다.

10 Pierre Bourdieu, "A Reasoned Utopia and Economic Fatalism," New Left Review 1: 227, 1998, 125–0, quoted in Weeks, The Problem with Work, pp. 180–1.

The New
Prophets
Capital:
Sheryl
Sandberg

1장

《린 인》의 착각 ::

셰릴 샌드버그와
여성주의
비즈니스

기업이라는 정글짐의 꼭대기에 오르다

15년 전 실리콘밸리는 후드 티셔츠 차림에 샌들을 끌고 다니면서 빈백[자루 같은 천에 작은 플라스틱을 채운 의자]에 앉아 코드를 난도질하며 '사우스파크'식 유머를 입에 달고 사는 남성 프로그래머들의 놀이터 같은 곳이었다. 하지만 시간이 갈수록 초창기의 모습은 바뀌었다. 약간이긴 하지만 말이다. 컴퓨터 기술이 주류가 되었고, 첨단 골드러시에 여성들도 합류했다. 페이스북, IBM, 야후, 휼렛패커드, 구글 같은 공룡 기술 기업들은 모두 여성을 요직에 두고 있다.

하지만 셰릴 샌드버그, 버지니아 로메티[Virginia Rometty, IBM 최고경영자], 머리사 메이어[Marissa Mayer, 야후 최고경영자], 멕 휘트먼[Meg Whitman, 휼렛패커드 최고경영자], 수전 워치츠키[Susan Wojcicki, 유튜브 최고경영자] 같은 여성들이 권력을 누리고 있음에도 불구하고, 실리콘밸리와 전체 기업계의 젠더 균형은 여전히 심하게 왜곡되어 있고 대부분의 요직은 남성들 차지다. 기술 기업에서 여성 엔지니어는 2~4퍼센트에 불과하고, 포천지의 500대 기업에서 여성 최고경영자는 4퍼센트밖에 되지 않는다. 회사 중역실은 남성들의 요새와 같아서 트위터 같은 많은 회사에는 여성 이사가 단 한 명도 없다. 이런 불균형은 미국 기업에만 국한되지 않는다. 전 세계적으로 국가원수의 90퍼센트가 남성이고, 2014년 세계경제포럼에 참석한 대표자 2600명 중에서 여성은 400명에 불과했다. 이는 전년보다 17퍼센트 하락한 수치다. 그리고 2013년에는 미국 최초로 상원에서 여성이 20석을 차지했다.

페이스북의 최고운영책임자 셰릴 샌드버그는 2013년에 바로 이런 세상을 향해 자신의 표현에 따르면 "일종의 선언문"이라고 할 수 있는 책을 발표했다.[1] 《린 인: 여성, 일, 리더가 될 의지(Lean

In: Women, Work, and the Will to Lead)》는 엘리트 직업 내의 꾸준한 젠더 불균형을 알리는 한편, 100년 동안 이어져 온 직장 내 평등을 위한 투쟁에 샌드버그 역시 발을 들여놓았음을 선언했다. 사원들을 위해 탁구대와 미니 냉장고를 구비해 놓는 기술계 회사의 맨 윗자리에서, 글로리아 스타이넘(Gloria Steinem)이 좋아하는 표현에 따르면 "여성주의의 새로운 수장"은 더 많은 여성들에게 "안으로 들어가서", "기업이라는 정글짐"의 꼭대기에 오를 때까지 멈추지 말라고 훈계한다.

샌드버그의 선언문은 뉴욕타임스 베스트셀러가 되어 150만 부가 넘게 팔렸다. 샌드버그는 실리콘밸리의 여성 네트워크 형성을 위한 이벤트들과 페이스북 여성 리더십의 날, 그리고 매달 자신의 집에서 개최하는 여성을 위한 저녁 식사 등을 통해 수년간 여성들에게 야망을 가지라고 부추겨 왔다. 2010년 샌드버그는 테드 강연에서 자신의 메시지를 전파하여 인기를 얻었고, 바너드대학 2011년 졸업식 연설 역시 큰 반향을 일으켰다. 《린 인》은 이런 연설의 주제를 되짚으며 더 확장시킨다. 그러면서 여성들은 더 이상 두려워하지 말고 "현 상태를 교란시키기" 시작할 필요가 있다고 주장한다. "조용히 입 다물고 앉아서 맞춰 주기만 하면 … 아무도 알아주지 않는다." 여성들은 누군가 자신의 머리에 왕관을

씌워 주기를 기다리는 대신 자신이 원하는 사회경제적 성과를 거머쥘 필요가 있다. 샌드버그는 여성들이 그렇게 하기만 하면 이번 세대에서 리더십 격차는 사라질 수 있으며, 이를 통해 이 세상은 모든 여성들에게 더 나은 곳이 될 거라고 믿는다.[2]

이전의 많은 선지자들처럼 샌드버그 역시 자신의 성공 스토리를 가지고 자신의 주장을 뒷받침하려 한다. 샌드버그는 중산층에서 출발하여 정상에 올랐다. 아버지는 안과 의사였고 프랑스어 교사였던 어머니는 나중에 전업주부로 지냈다. 샌드버그는 하버드를 두 번 졸업했고 미국 재무부와 구글, 그리고 지금은 페이스북에서 요직을 맡았다. 업계 인사들은 샌드버그를 "유례를 찾을 수 없을 정도로 막강한 영향력과 권한을 지닌, 재계와 정계, 대중문화계의 록 스타"로 여긴다.[3] 샌드버그의 가치는 10억 달러 이상이며, 포브스의 2013년 가장 영향력 있는 여성 목록에서 샌드버그는 6위를 차지했다. 그녀의 앞뒤에는 힐러리 클린턴(Hillary Clinton)과 국제통화기금의 크리스틴 라가르드(Christine Lagarde)가 있었다. 샌드버그가 페이스북의 수익을 올리는 데 큰 성공을 거두자 기업들은 샌드버그를 복제하고 싶어 할 정도였다. 페이스북의 이사이자 앤드리슨호로비츠벤처캐피털의 공동설립자인 앤드리슨 호로비츠(Andressen Horowitz)는 샌드버그에 대해 이렇게 말한다. "그녀의 이름은 직업 타이틀이 되었다. 우리와 동업 관계에 있는 모든 회사가 셰릴을 원한다."[4]

여성주의의 이상과 현실

《린 인》이 엄청난 성공을 거두고, 일반적으로 좀 더 잘사는 나라에서 여성주의에 대한 관심이 되살아나고 있는 것은 여성의 승진 문제에 대한 불만이 폭넓게 확산되어 있기 때문이다. 개략적으로 말해서 미국 여성들은 교육과 영양, 의료 서비스에 대해서는 남성과 동등한 권리를 갖고 접근할 수 있지만, 여성을 둘러싼 전체적인 상황은 실망스럽고 느리게 향상되며, 그마저도 자꾸 중단된다. 특히 고등교육에서 여성은 남성보다 실력이 앞서지만, 동등한 수준의 성공이나 부를 누리지 못한다. 주거비와 양육비가 꾸준히 상승하다 보니 가정생활과 직장 생활을 병행하겠다는 결심은 그 어느 때보다 가시밭길이다. 대중매체에서 여성은 아직도 고정관념 속에 갇혀 있거나 과소 대표된다. 2012년 미국에서 가장 높은 수익을 올린 100편의 영화에서 대사가 있는 인물 중에 여성은 28.4퍼센트에 불과했다. 여성의 재생산에 대한 권리도 변함없이 공격받곤 한다. 가령 텍사스 같은 주는 대단히 가혹한 낙태금지법을 통과시켰다. 1990년대에는 여성에 대한 폭력이 한동안 감소하는가 싶더니 2005년 이후부터는 아무런 변화를 보이지 않고 있다.

빈민 여성(특히 유색인종 여성)의 상황은 훨씬 암담하다. 저임금 불안정 노동은 대부분 여성들의 몫이다. 빈부 간 소득과 부의 격차가 훨씬 크게 벌어지면서 밑바닥에 있는 여성들은 사람들의 시야에서 거의 사라질 지경이 되었다. 우파들은 이제 "복지 여왕"에 대해 이야기하지 않는다. 국가의 안전망이 거의 사라져 버렸고 그 자리를 노숙자 쉼터와 푸드뱅크가 채우고 있기 때문이다. 가난과 고립은 폭력적인 관계에서 벗어나기 어렵게 만든다는 점에서 빈민 여성들은 부유한 여성들에 비해 가정 폭력의 희생자가 될 가능성이 더 높다. 최근 한 보고서에 따르면 고등학교를 중퇴한 백인 여성들의 기대 수명이 지난 20년간 5년 줄어들었다.

미국 의회가 동일임금법을 통과시켰던 1963년에 대부분의 여성, 그중에서도 특히 어린 자녀가 있는 여성들은 집에서만 일을 했다. 50년이 지난 지금은 상황이 완전히 역전되었다. 오늘날은 여성의 60퍼센트가 집 밖에서 일을 한다. 싱글맘이나 아이가 있는 기혼 여성의 경우 일을 할 가능성이 훨씬 더 높아서 1세 이하의 어린아이가 있는 여성의 57퍼센트가 밖에서 일을 했다. 하지만 전일제로 일하는 여성들은 여전히 전일제 근무 남성들이 버는 소득의 81퍼센트밖에 벌지 못한다. 최근 몇 년간 학사 학위 소유자를 제외한 남성들의 임금이 여성들의 임금에 비해 더 빨리 떨어지지만 않았더라면 이런 차이는 사실상 더 커졌을 것이다. 여성에게 아이가 있으면 임금 격차는 더 벌어진다. 20대 초의 여성은 20대 초의 남성이 버는 임금의 90퍼센트 이상을 번다. 하지만 25~35세 여성의 상대적인 임금은 급강하고, 35~45세 여성의 임금 역시 계속 하락한다. 이런 임금 격차는 가족 내에서 양육에 대한 책임과 기대가 여성에게 불균형한 영향을 미치고 있으며, 값비싼 양육과 유연하지 못한 노동 일정이 여성의 소득 능력에 막대한 영향을 미치고 있음을 동시에 보여 준다.[5]

놀랍게도 임금 격차가 가장 큰 부문은 고소득 전문직이었다. 이런 엘리트 직종에서 발생하는 소득 격차에는 여성들이 아이가 생기면 "더 이상 날뛰지 않기 때문"이라는 부분적인 이유도 있지만, 여성들이 고위직에 오르지 못하게 방해하는 게이트키핑과 전문직 네트워크가 크게 한몫한다. 하일랜드캐피털파트너스의 공동설립자인 윌리엄 보이스(William Boyce)에게 하버드 경영대 여

학생이 벤처캐피털 영역에 진입하는 데 필요한 조언을 해 달라고 요청한 적이 있었는데, 그는 너털웃음을 터뜨리며 "진입하지 마세요"라고 말했다. 보이스는 돈 드레이퍼[Don Draper, '매드맨'이라는 미국 드라마의 주인공]가 되려고 했던 것이 아니었다. 그는 여학생에게 금융계의 남성들은 여성 동료를 바라지 않는다는 비밀을 누설함으로써 도움을 주고 싶었을 뿐이다.[6]

임금 격차는 고위직에서 더 높지만, 벨 훅스[bell hooks, 급진적 페미니스트 벨 훅스는 자신의 필명을 소문자로 쓰기를 고집한다] 같은 여성주의자들은 성차별주의와 인종주의가 사회 구석구석에 퍼져 있다고 주장한다. 권력에 대한 지배적인 서사는 이성애 규범을 지키는 백인들의 삶의 형태를 찬미한다. 남자아이와 여자아이는 태어나는 순간부터 서로 다른 대우를 받는다. 활달한 여자아이는 다른 사람을 쥐고 흔든다는 비판을 받고 말괄량이 같은 행동을 자제하라는 꾸중을 듣지만, 남자아이들은 골목대장이라도 하라는 기대를 받으며 자란다. 여자아이들에게는 인형을 주지만 남자아이들에게는 블록 놀이와 컴퓨터 게임을 하게 한다. 가정과 학교, 그리고 일상생활에서 시작된 젠더에 대한 고정관념은 일생동안 여성들을 따라다니면서 이들의 정체성과 삶의 선택들을 좌우한다. 남성들은 과학이나 수학과 관련된 고소득 직종을 선택하지만 여성들은 보수가 낮은 언어 관련 일자리를 전전한다.

　사회적인 수준에서 고정관념은 물질적인 조건들과 교차하면서 젠더화되고 인종화된 분업을 만들어 낸다. 새로운 직업 증대의 중심부인 소매, 서비스, 식품 부문은 여성이 주를 이루고 있고, 돌봄 노동의 여성화는 훨씬 노골적이다. 여성은 초등학교 교사의 82퍼센트, 간호사의 90퍼센트, 가사 도우미의 90퍼센트, 육아 노동자의 94퍼센트, 개인 돌봄 노동자의 87퍼센트를 차지한다. 2013년 9월 오바마(Barack Obama) 대통령은 마침내 공정노동기준법을 가사 노동자에게로 확대시켰고, 캘리포니아 같은 일부 주에서는 가사 노동자 권리장전을 통과시켰다. 이런 의미심장한 진전에도 불구하고 돌봄 노동은 여전히 여성의 노동으로 치부되어 저평가 받고 있다. 대다수의 돌봄 일자리들은 인격 모독과 괴롭힘, 폭행, 임금 체불이 비일비재하게 자행되는 저임금의 불안정 일자리들이다.[7]

여성에게 최악의 적은 여성인가?

＼

모든 여성주의자들이 여성의 종속적인 지위는 시스템 전반 차원의 문제임을 인정하지만, 셰릴 샌드버그 같은 일부는 여성이 동등한 사회 구성원으로서 정당한 지위에 오르지 못한 것은 외적인 장애물 탓만은 아니라고 생각한다. 샌드버그는 여성의 삶과 좌절을 설명할 때는 내적인 장애물이 그만큼 중요하다고 주장한다.

베티 프리단은 이런 내적인 장애물의 사례를 가지고 대단히 강경한 메시지를 전달하기 위해 1963년 일종의 선언문인《여성의 신비》를 발표했고 크게 평지풍파를 일으켰다. 제2차 세계대전 이후의 호황이 거의 끝나 갈 무렵 이 책에서 프리단은 여성주의 혁명은 끝나지 않았고, 여성들은 인생에서 자신이 활용할 수 있는 선택을 하지 않고 있다고 밝혔다. 프리단은 당대의 여성들은 "연애도 하지 않는 외로운 직업여성"이 되느냐 "남편의 사랑과 보호를 받고 사랑스러운 아이들에게 둘러싸인 상냥한 아내이자 엄마"가 되느냐 사이에서 "잘못된 선택"의 희생자가 되곤 한다고 주장했다.[8] 프리단에 따르면 여성들은 잘못된 선택을 하고 있었다. 젊고 교육받은 중산층 여성들은 젊은 남성들이 당연히 통과의례로 여기는 정체성의 위기를 헤쳐 나가기 위해 고군분투하는 대신 가정에 기꺼이 굴복했다. "마침내 성장하여 소극적인 의존의 상태를 벗어나게 된다는 것은 무서운 일이다. 자신이 속한 사회의 주류 문화가 여성은 성장할 필요가 없다고, 성장하지 않는 편이 더 낫다고 말한다면 어떤 여성이 굳이 힘겹게 아내와 엄마가 아닌 무언가가 되기 위해 애쓰겠는가?"[9]

특유의 대담한 산문에서 프리단은 이런 굴복으로 인해 한 세대의 (교외에 사는 중산층) 여성들이 영구적으로 발달이 멈춘 미숙한 반쪽짜리 정체성을 갖게 되었고, 가정으로의 도피는 종종 우울증과 함량 미달의 부모 역할, 간통, 알코올 중독, 심지어는 자살로 이어지곤 한다고 주장했다. 여성이 완전한 어른이 될 수 있는 유일한 방법은 교육을 받고 열정적으로 자신의 지적인 관심을 좇아 집 밖에서 일자리를 얻는 것이었다.

셰릴 샌드버그는 여러 가지 면에서 프리단의 주장을 확장시키고 있지만, 여성들에게 부엌에서 나오라고 말하는 대신 칸막이처럼 좁은 방에서 나오라고 호통친다는 점에서 차이가 있다. 샌드버그는 여성들이 각성하여 스스로를 평범하게 만드는 보이지 않는 내적인 힘들을 알아차려야 한다고 생각한다. 그 힘은 끝없이 이어지는 나른한 길로 여성들을 끌고 들어갈 뿐이다. 이런 내적인 장애물들은 때로 무시되기도 하지만 대단히 중요하며, 외적인 장애물들과는 달리 "우리 스스로 통제할 수 있다."[10]

샌드버그는 여성들이 자신은 권력에 관심이 없다고 말하는 것에는 그럴 만한 이유가 있다고 믿는다. 첫째는 여성들이 권력은 사기 같다고 느끼는 데다 스스로의 능력을 의심하기 때문이다. 또한 여성들이 "사회에서 무언중에 수용될 수 있는 범위를 벗어나는 공격적이고 저돌적인 행동을 하는" 여성을 비난하는 문화에 저항을 느끼기 때문이다.[11] 여성들은 일과 생활의 균형에 대한, 또한 가족과 직업 "전부를 가지는 것"이 정말로 가능한 일인지에 대한 걱정이 워낙 많기 때문에 속력을 내야 할 때 오히려 브레이크를 밟으며 막상 중요한 일을 해 보기도 전에 포기해 버리는 경우가 많다는 것이다. 즉 여성들은 아직도 "잘못된 선택"을 하고 있다.

여성들은 자신이 가족과 일 모두에 헌신할 수는 없다고 경고하는 신문 머리기사와 이야기에 둘러싸여 있다. 여성들은 너무 많은 것을 하려다가는 이도 저도 못하고 불행해질 뿐이니 양자 간에 선택을 해야 한다는 말을 듣고 또 듣는다. (마치 두 가지가 완전히 상극이라는 듯) "일과 생활의 균형"으로 문제의 프레임을 짤 경우 사실상 일이 패할 수밖에 없다. 누가 생활을 포기하고 일을 선택하겠는가?[12]

성인으로서의 야망을 포기하겠다는 여성의 결심은 어린 시절 습득한 습관과 학습된 성격의 결과물인 경우가 종종 있다. 하지만 이런 사회화와 그로 인한 장기간의 영향에도 불구하고, 샌드버그는 유리 천장이 존재한다는 것을 사실상 믿지 않고 차별 철폐 조치가 필요하다고도 인정하지 않는다. 그녀는 (교육받은 여성들조차) 여성을 묶어 두는 주요한 힘은 스스로의 나약함과 공포라고 생각한다. 여성에게는 호의가 필요하지 않다. 그저 자기 자신을 믿기만 하면 된다. "여성들이 직면한 많은 장애물들의 근원에는 공포가 있다. … 공포가 없으면 여성들은 직업상의 성공과 개인적인 성취를 추구할 수 있다."[13] 데보라 그루엔펠드(Deborah Gruenfeld)는 샌드버그를 포스트페미니스트라고 부른다. 포스트페미니스트란 "당신을 방해한다며 다른 사람을 탓할 경우 당신은 스스로의 무력함을 받아들이는 것"이라고 믿는 사람을 말한다.[14]

그렇다면 여성들은 어떻게 권력을 확보하여 고위직에 올라야 하는 걸까? 여성들은 먼저 자신의 공포를 응시해야 하고 공격적이 되어야 하며 테이블에 앉아 손을 들고 다른 사람들이 불러 줄 때까지 그 손을 내려서는 안 된다. 어쨌든 남성들도 모두 다 하는 일이다. 여성들은 여성에 대한 편견을 인식하고 전략을 조정해야 하며("개인적으로 사고하고 집단적으로 행동하라"), 협상을 할 때는 자신의 요구 사항을 적절히 설명해야 한다. 또한 꿈과 집안일을 기꺼이 공유하려는 올바른 파트너를 선택해야 한다. 나쁜 남자와의 연애는 좋지만 부디 결혼은 하지 말라. 가장 중요한 것은 직장에서도 개인적인 삶에서도 성공에 모든 초점을 맞추고 있다가 기회를 포착해야 한다는 것이다. 샌드버그는 자신이 2001년 다른 더 좋은 회사들을 제치고 구글에 입사하기로 결정한 것은 에릭 슈밋(Eric Schmidt)이 구글을 로켓선에 비유했기 때문이었다고 말한다. "수년간 샌드버그는 에릭의 조언을 무수한 사람들에게 반복하며 경력의 스프레드시트를 모두 정리하고 단 하나의 칸, 바로 성장 잠재력만을 남겨 두라고 독려했다."[15]

전 세계 여성이여 단결하라, 그리고 권력을 쟁취하라!

샌드버그의 선언문은 최소한 미국에서는 여성들의 심금을 울렸다. 《린 인》이 인기몰이를 할 수 있었던 것은 샌드버그가 거대한 미디어 시스템에 접근할 수 있었기 때문이기도 하지만, 여성들에 대해, 좀 더 넓게는 사회에서 여성주의와 여성의 권리라는 문제에 대해 폭넓은 관심이 형성되어 있었음을 반영한다.

여성운동은 1970년대에 절정을 이루며 "분석적으로 다른 젠더 불평등의 세 가지 측면들(경제적, 문화적, 정치적)을 … 함께 엮어 내는" 역동적인 사회 세력으로 자리 잡았다.[16] 그 후로 여성주의에 대한 주류의 관심은 부침을 거듭했고, 드넓었던 여성주의의 발판은 사분오열되어 각자의 방향으로 뻗어 나갔다. 1980년대가 되자 여성주의 이론을 세우기 위한 핵심적인 작업들은 대부분 학계로 넘어가 문화와 정체성의 문제를 다루기 시작했다. 그보다 더 넓은 운동에서는 재생산의 권리에 대한 공격과 전투를 치렀다. 1990년대에는 독립잡지와 라이엇 걸[Riot Grrl, 여성주의 하드코어 펑크 운동으로서 여성주의의 제3의 물결의 출발점이 되었다고 보기도 하고 음악의 장르로 분류되기도 한다.] 문화를 통해 '걸 파워'와 새로운 급진적 여성주의 흐름에 대한 관심이 등장했다. 2000년대에는 여성 블로거들이 급속하게 확산되었다.

오늘날 많은 여성들이 자신을 여성주의자라고 규정하는 것을 꺼리지만, 여성 문제는 다시 부각되고 있다. 나이에 관계없이 여성주의자가 쓰는 새 책과 기사들이 곳곳에서 주목받고 있다. 페멘[2008년 우크라이나에서 설립된 급진적 여성주의 조직]과 슬럿워크[성폭행이 일어나는 것은 여성이 헤프게 옷을 입기 때문이라는 경찰관의 말에서 촉발된 캐나다의 여성운동. 헤픈 여자를 의미하는 슬럿처럼 옷을 입을 권리에서 출발하여 자기결정권을 강조하는 운동으로 발전하고 있다.] 같은 떠들썩한 프로젝트들은 사람들의 이목을 잡아끌고 신문 머리기사를 장식하고 있다. 로라 베이츠(Laura Bates)의 '일상적인 성차별(Everyday Sexism)' 블로그나 텀블러 페이지 '누가 여성주의를 필요로 하는가(Who Needs Feminism)' 같은 현대적인 의식 확산 프로젝트들은 상당한 인기를 누렸다. 빈곤한 나라의 여성들이 처한 곤경은 종종 서구 여성주의의 의제와 예산을 장악하고 있는 폭력과 포르노그래피, 재생산권보다 못한 취급을 받긴 하지만, 지난 20년간 남반구 여성의 권리라는 주제 역시 갈수록 큰 관심과 열정을 모았다.

《린 인》은 주류 언론에서 폭넓은 찬사를 받았지만, 샌드버그의 더 이상 주저하지 말라는 식의 서사에 모든 사람이 열광한 것은 아니었다. 사라 자페(Sarah Jaffe)는 디센트(Dissent) 기사에서 여성주의자들은 "세계에서 가장 많은 특권을 가진 여성 몇몇의 고생담"을 가지고 더 이상 호들갑을 떨지 말아야 한다고 주장했다. 실생활에서는 "벽 앞에 가로막힌 여성들이 대부분"이기 때문이다. 대침체[2009년 서브프라임모기지 사태 이후 지속되고 있는 경기 침체를 대공황에 빗대 일컫는 말]가 회복의 기미를 보이지 않고 지속되면서 갈수록 많은 여성들이 일자리에서 쫓겨나거나 월마트 계산원 정도의 월급으로 버텨야 하는 상황에 내몰리고 있다. 자페는 이렇게 적었다. "구글플렉스 꼭대기가 아니라 바로 이곳에서 대부분의 여성들이 시간을 보낸다. 여성주의자들 역시 여기서 시간을 보내야 한다."[17]

샌드버그는 독자들에게 자신이 젠더 평등을 가로막는 외적인 장애물을 "날카롭게 의식"하고 있으며 대부분의 여성들이 고급 사무실을 얻기는커녕 힘겹게 하루하루를 버티며 살아가고 있다는 것을 안다고 큰소리친다. 샌드버그는 여성주의자들 간의 입장 차이는 "궁극적으로 닭이 먼저냐 달걀이 먼저냐의 문제"와 비슷하다고 주장한다.

닭 : 여성들이 지도층이라는 지위를 한번 손에 넣게 되면 외적인 장애물들을 걷어 버릴 수 있다. 우리는 상사의 사무실로 진격하여 우리에게 필요한 것을 요구할 것이다. 아니면 아예 우리가 상사가 되어 모든 여성들에게 필요한 것을 갖추라고 지시할 수 있다.

달걀 : 우리는 일단 여성들이 이런 지위에 오를 수 있도록 외적인 장애물들을 제거해야 한다.[18]

샌드버그에 따르면, 이것은 닭이냐 달걀이냐 하는 양자택일의 문제가 아니라 양자 모두를 포기해서는 안 되는 일이다. "양쪽이 다 옳다." 시시비비를 가리려다간 서로 발목만 잡을 뿐이다. 제도적인 변화를 최우선적으로 추구하는 여성주의자도 있을 수 있고, 샌드버그 자신처럼 권력을 손에 넣는 것을 가장 중요하게 생각하는 여성주의자도 있을 수 있다. "무엇이 먼저냐를 가지고 철학적인 논박에 매달리기보다는 각자의 전선에서 전투를 치르는 데 합의하자." 그리고 나서 전투의 결과물을 가지고 함께 만나자. 모든 여성들의 노력이 합쳐지면 여성들을 위해 더 나은 세상을 만들 수 있을 것이다.[19]

샌드버그에게 중요한 것은 여성들이 필요한 모든 수단을 동원하여 권력을 잡는 것이다. 샌드버그는 어렸을 때는 여성주의자들이 이미 승리했고 "자신의 세대가 지도층에서 일정한 몫을 차지하는 것은 그저 시간문제"라고 생각했기 때문에 이런 문제에 무지했다고 말한다.[20] 하지만 맨 꼭대기 자리에 오르고 보니 자신과 같은 지위를 누리는 여성은 자기 혼자뿐임을 종종 깨닫곤 한단다.

샌드버그는 여성들 앞에 지금처럼 많은 문제가 놓여 있는 것은 남성들이 권력을 쥐고 있어서 여성의 목소리를 들을 수 없기 때문이라고 주장한다. 만일 여성이 남성과 동일한 비중으로 지도적인 지위에 오를 수 있다면 이들은 모든 여성을 대변할 수 있다. 샌드버그는 구글에서 근무했던 시절의 일화를 예로 들면서 자신의 주장을 펼친다. 만삭의 상태로 출산을 앞두고 있던 어느 날 샌드버그는 구글의 광활한 주차장을 헤매다 지쳐 버렸다. 그 순간 그녀는 번뜩 한 가지를 깨달았다. 젠장, 구글에는 임신부 주차장이 필요하잖아! 샌드버그는 그길로 상사의 사무실로 진격했고 임신부 주차 공간을 요구했다. "(아무리 고래처럼 보이는 사람이라 하더라도) 꼭대기 자리에 임신한 여성 한 명만 있어도 변화가 일어났다." 샌드버그는 이제는 임신부도 아니고 구글에서 일하지도 않지만, 구글의 임신부 전용 주차 공간은 지금도 남아 있다. 샌드버그가 자신의 주차 공간 사연을 이야기한 것은 이 경험을 통해 여성들이 무엇을 필요로 하는지 드러낼 수 있다고 보았기 때문이다. "더 많은 여성들이 지도자의 위치에 올라 여성들의 필요와 관심에 대해 강력하고 힘 있는 목소리를 낼 때 모든 여성들의 조건이 향상될 것이다." 샌드버그와 같은 누군가가 상사의 사무실로 쳐들어가 자신에게 필요한 것을 요구할 때, 아니면 이상적으로 아예 상사가 될 때, 세상은 여성들에게 조금씩 더 살기 좋은 곳이 될 것이다. "좀 더 평등한 세상으로의 변화는 한 사람 한 사람씩 일어날 것이다. 한 명 한 명의 여성이 안으로 한 발씩 내딛을 때 우리는 진정한 평등이라는 더 큰 목표에 조금씩 가까워질 것이다."[21]

젠더 평등을 지지하는 사람들 내에서는 샌드버그의 입장처럼 권력을 장악해야 한다는 주장에 대한 공감대가 폭넓게 형성되어 있다. 페이비언여성네트워크라고 하는 영국의 이니셔티브도 샌드버그와 같은 노선을 취하고 있다. 이들의 사명은 멘토링 프로그램과 네트워킹 이벤트를 통해 여성의 정치 및 공공 생활 참여를 활성화시키는 것이다. 이 프로그램에 참가했던 어떤 사람이 이렇게 말했다. "사립학교를 나온 백인 중산층 남성들은 수백 년간 권력에 이를 수 있는 다리를 놓았습니다. 이제는 여성과 소수 인종들이 각자의 다리를 놓을 때입니다."[22]

앤마리 슬로터(Anne-Marie Slaughter)는 2012년 애틀랜틱 (Atlantic)에 실린 유명한 글에서 자신은 한때 여성들이 "전부를 가질" 수 있다고 생각했지만, (국무부의 정책기획국장으로) 업무 시간이 정해져 있는 직종에서 일을 해 보고 난 뒤 자신이 틀려도 단단히 틀렸음을 깨달았다고 말했다. 그것은 단순한 실수가 아니었다. 그녀는 수년간 자신의 공적인 모습과 발언들이 오늘날 젊은 여성들 앞에 놓인 도전 과제들에 아무런 관심을 기울이지 않았다고 개탄한다. "나는 수백만의 여성들이 남성들만큼 빨리 출세의 사다리에 오르는 동시에 가족과 적극적인 가정생활을 갖추지 못할 경우(여기에 날씬하고 아름답지 못하기까지 할 경우) 자신을 탓하게 만드는 데 의도치 않게 일조했다." 슬로터는 오늘날 경제와 사회가 짜인 방식은 여성들이 가정과 경력상의 필요라는 두 가지를 모두 만족스럽게 충족시키는 것을 거의 불가능하게 만든다고 주장한다. 대부분의 직종에서 여성들은 자신의 일정을 결코 통제할 수 없다. 집에 문제가 생기면(대개 아이들과 관련된 문제가 생긴다) 결국 무언가를 포기해야 하는데, 많은 여성들에게 그 무언가란 자신의 경력에 대한 야망이다.[23] 하지만 오늘날 여성들이 전부를 가질 수 있다는 주장에 대해 샌드버그와 슬로터의 의견이 서로 다를 수는 있지만, 슬로터는 '언젠가는' 여성들이 모든 것을 손에 넣을 수 있다고 믿는다. 하지만 그날이 오려면 여성들은 "지도층 내의 격차를 좁히고, 여성 대통령과 50명의 여성 국회의원을 선출해야 하며, 기업 임원과 사법계 지도층이 여성의 목소리를 동등하게 대변할 수 있도록 구성되어야 한다. 충분한 수의 여성이 권력을 휘두를 때에만 우리는 진정으로 모든 여성들을 위해 작동하는 사회를 만들어 낼 수 있다."[24]

힐러리 클린턴은 최근 클린턴글로벌이니셔티브 연설에서 여성들은 세계에서 가장 "제대로 활용되지 못한 자원"이라고 주장했다. 2016년 대통령 선거 출마를 앞두고 열기가 조금씩 달아오르는 가운데, 클린턴은 공공 부문과 정계에 더 많은 여성이 참여해야 하는 이유는 "생각이 필요 없는 쉬운 문제"라고 선언했다. "여성이 경제에 참여하면 모두가 그 혜택을 누릴 수 있다. 여성이 평화 조성과 유지에 참여하면 우리는 전보다 더 안전하고 안정감 있는 삶을 누릴 수 있다. 그리고 여성이 정치에 참여하면 그 효과는 사회 전체로 번져 나갈 것이다."[25]

권력 장악 전략은 여성주의 내의 많은 차이를 연결하는 다리를 놓았고, 여성, 그중에서도 특히 유색인종 여성들은 분명 힘 있는 자리에 진출할 필요가 있다. 또한 권력 장악 전략은 감당할 수 있는 구체적인 목표를 제시한다는 점에서 운동가들에게도 매력적일 수 있다. 지난 40년간 여성들은 한때 불가능해 보였던 영역과 역할들로 천천히 밀고 들어갔다. 조금만 더 열심히 노력하면 지도층 내에서의 차이도 좁힐 수 있을 것 같다. 샌드버그는 이렇게 믿는 것이 분명하다. "우리 앞 세대의 고생으로 평등이 이제 우리 코앞에 놓이게 되었다. … 우리가 조금만 더 세게 밀면 이다음 번 물결이 마지막 물결이 될 수 있다. 미래에는 여성 지도자라는 것이 더 이상 존재하지 않을 것이다. 그저 지도자만 존재할 것이기 때문이다."[26]

그러나 이 주장은 여성은 날 때부터 혹은 문화적인 훈련 때문에 남성보다 더 예의가 바르고 숙녀들끼리는 서로를 잘 보살핀다는 잘못된 가정에서 출발한다. 마거릿 대처(Margaret Thatcher) 치하에서 살아 본 사람들은 이 주장이 잘못되었음을 증명할 수 있을 것이다.

구글에서 샌드버그의 동료였던 머리사 메이어는 권력과 영향력을 손에 넣기 위해 내부를 지향한 여성의 좋은 사례다. 2012년 여름 야후를 책임지게 되었을 때 메이어는 최초의 임신 중인 최고경영자였다. 하지만 메이어는 자신의 힘 있는 지위를 이용하여 여성들을 돕는 대신 야후 인력의 30퍼센트를 감축하고 근무시간 자유 선택제를 없앴다. 근무시간 자유 선택제는 수백 명의 야후 노동자들이 아이들이나 나이 든 부모님 등을 돌볼 수 있도록 일주일에 하루 이틀 정도 재택근무를 허용하는 제도였다. 메이어는 최근의 생산성 관련 연구 결과와는 반대로 대면 접촉 근무 방식이 근무시간 자유 선택제보다 더 낫다고 주장했다. "우리가 집에서 일할 때 속도와 질이 종종 만족스럽기는 하다. … 최고의 결정과 통찰력 중 일부는 현관이나 카페테리아의 논의 과정에서, 새로운 사람들을 만났을 때, 즉흥적인 팀 회의에서 발생한다."[27] 근무시간 자유 선택제는 야후에서 오랫동안 유지했던 정책이었다.

많은 사람들, 특히 여성들이 다른 기술 관련 회사를 등지고 야후를 택한 것도 이 제도 때문이었다. 하지만 메이어는 상사가 되자 키보드 위에서 손가락을 한 번 까딱하는 것만으로도 이 제도를 없애 버릴 수 있었다.

메이어를 나쁜 사람으로 몰아가려는 것은 아니다. 단지 이 사례를 통해 여성이 권력을 갖도록 하는 것이 모든 여성의 삶을 향상시키는 데 필수적인 요소라고 생각하는 샌드버그와 그 외 많은 여성주의자들의 문제점을 지적하려는 것뿐이다. 여기서 권력을 가진 사람은 회사의 상급자다. 그녀는 원하는 것은 무엇이든 이루어지게 할 수 있다. 임신부 전용 주차 공간을 마련하고 싶다면 정말 좋은 일이다. 근무시간 자유 선택제를 없애고 싶다면 이역시 할 수 있다. 퓰리처상을 수상한 언론인 수전 팔루디(Susan Faludi)는 이렇게 썼다. "변함없는 사회경제적 권력 시스템 꼭대기 자리에 여성의 얼굴을 끼워 넣는다고 해서 세상이 여성에게 이로운 방향으로 바뀌는 것은 아니다." 혹은 활동가이자 저술가인 샬럿 번치(Charlotte Bunch)의 재치 있는 말처럼 "그저 여성을 집어넣고 휘휘 젓기만 한다고 일이 되는 게 아니다."[28]

자본을 위해 존재하는 우리의 몸과 우리 자신

샌드버그의 이야기가 가진 문제점은 자매들의 연대에 대한 샌드버그의 믿음보다 더 심각하다. 특히 우려스러운 부분은 자아실현과 평등에 이르는 여성의 길은 "자기 노동의 꾸준한 가속화"에, 즉 성장을 위해 부단히 탐색하고 이 성장의 결실을 고용주에게 갖다 바치는 데 있다는 《린 인》의 핵심 메시지다. 이 공식에서 기업의 성장과 노동자의 성장은 불가분의 관계다.[29]

샌드버그도 메이어도 모두 출산휴가에 상대적으로 관대한 보수를 지급했지만, 메이어 자신은 출산휴가를 쓰지 않았고, 샌드버그는 일부만을 썼다. 두 여성 모두 직장으로 돌아와 자신이 참여하는 프로젝트에 헌신하는 모습을 보여 줘야 한다는 강한 압박을 느꼈던 것이다. 샌드버그는 말로는 여성들이 매일 저녁 집에서 아이들과 저녁을 먹을 수 있도록 노력해야 한다고 하면서도, 출근 전에도 근무 중에도 퇴근 뒤에도 지치지 않고 일하는 "뉴노멀[시대에 따라 새롭게 떠오르는 기준]"을 전적으로 받아들인다. "페이스북은 하루 24시간, 일주일 내내 전 세계 어디서나 사용할 수 있고 대부분의 경우 (그녀도) 마찬가지다. (샌드버그가) 주말이나 휴가 기간에는 플러그를 뽑아 놓는다고 생각하던 시절은 오래 전에 가 버렸다."[30]

많은 사람들이 샌드버그와 같은 실수를 저질렀다. 여성주의는 100년이 넘는 동안 노동문제에 천착했다. 베티 프리단을 비롯한 많은 사람들이 임금노동을 사회적 표현과 지위 획득의 궁극적인 수단으로 받들어 모셨다. 하지만 여성주의가 임금노동에만 골몰하는 것은 해방 전략으로서 잠재적으로 문제가 될 수 있다. 정치학자 케이시 웍스(Kathi Weeks)는 "더 많고 더 나은 노동"을 위한 투쟁도 중요하지만, "노동의 가치에 대한 강조"가 "여성주의 분석 틀과 정치 의제"를 어떤 식으로 지배하는지를 생각해 보는 것도 중요하다고 주장한다.[31] 웍스에게 있어서 노동 윤리(임금노동이 행복, 성공, 지위, 자기 가치와 탄탄하게 맺고 있는 규범적인 관계)는 모든 희망과 욕망, 신념과 행동이 노동 중심성을 향해 배치된 인간을 양산한다.[32] 자아발전에 대한 샌드버그의 서사는 여성의 자아(에너지와 욕망의 모든 합)가 오롯이 더 열심히, 그리고 오래 일하는 삶을 지향하게 만든다. 또한 여성들이 "자신의 노동이 시장이 아닌 자신을 위한 것이라고 믿게" 만든다.[33]

중요한 것은 《린 인》이 근면 성실한 노동자를 찬미한다는 사실이 아니라 기업의 정글짐에 오르는 것을 젠더 불평등 문제의 해법으로 제시하고 있다는 점이다. 《린 인》의 이야기는 친구들과의 경쟁에서 이기고 사람들에게 영향을 미칠 수 있는 방법에 대한 개인적인 지침서가 아니라 모든 여성주의 전략들이 서로 공조할 수 있다는 선언이자 실천 계획이다. 하지만 샌드버그식으로 여성주의의 이상을 좇을 경우 결코 그것을 달성할 수 없다. 온 에너지를 재계의 지도부에 도달하는 데 쏟는 여성은 노조를 조직하고 직장에서 여성(과 남성)을 보호하는 법을 이행함으로써 제도적인 변화를 실현하려고 하는 여성들의 투쟁을 약화시킬 것이다.

샌드버그가 소개하는 한 일화는 이 지점을 잘 보여 준다. 2010년 마크 저커버그(Mark Zuckerberg)는 뉴어크공립학교의 실적을 향상시킬 수 있도록 1억 달러를 기부하겠다고 약속했다. 이 돈은 '스타트업: 에듀케이션'이라는 이름의 새로운 재단을 통해 분배될 계획이었다. 샌드버그는 재단 운영자로 "학교 개혁에 대한 해박한 지식과 경험을 보유한" 여성인 젠 홀러랜(Zen Holleran)을 추천했다. 유일한 문제가 있다면 젠이 당시 파트타임으로 일하며 14개월 된 쌍둥이를 키우고 있었고 남편의 도움을 크게 기대할 수 없는 상황이라는 점이었다. 젠은 가정에 일궈 놓은 "현재의 질서를 뒤엎게 되는 것"이 두려워 제안을 받아들이지 못하고 주저했다. 하지만 샌드버그가 계속 조르자 결국 "그것이 미칠 영향력 때문에 그 일을 받아들이기로" 결심했다. 남편도 이에 대응하여 집안일과 육아를 더 많이 책임지게 되었고, 이제 "젠은 자신의 일을 사랑하고 자신과 남편이 더 평등한 결혼 생활을 하게 된 데 만족한다."[34]

젠 홀러랜에게는 모든 일이 아름답게 조정되었지만, 그녀의 자리는 수백 명에 달하는 다른 여성들의 뉴어크공립학교 교사로서의 자리를 위협하고 있다. 스타트업: 에듀케이션의 핵심 목표는 뉴어크 교사들에 대한 성과급 프로그램을 도입하는 것이었다. 담당 학생들의 표준 시험 성적이 높은 "대단히 유능한" 교사에게는 보너스로 보상을 하지만, 학생들의 성적이 나쁘게 나온 교사들에 대해서는 징계 조치를 하거나 해고 절차를 밟도록 했다.[35] 샌드버그는 이 프로그램 설계에서 핵심적인 역할을 했다.

"불만족"으로 간주된 교사 수백 명은 대체 교사 명단에 올라 뉴어크에 있는 70개 학교에서 순환 근무를 하게 되었고, 시 공무원들과 뉴어크의 학교 개혁가들은 스타트업을 비롯한 기타 자금을 활용하여 뉴욕과 휴스턴에서 사용하는 프로그램과 유사한 프로그램을 개발하고 있다. 이 프로그램의 장기적인 목표는 정규직 교사의 수를 줄이고, 성과급과 종신 재직 권한의 약화로 살아남은 정규직 교사들을 채찍질하며, 티치포아메리카 같은 프로그램을 통해 새로운 단기직 교사들을 채용하는 것이다.

젠 홀러랜은 직장에서의 성공과 가정에서의 충만을 모두 손에 넣었지만, 그녀의 개인적 성취는 복잡하고 어려운 환경에서 자신의 이익을 방어하고 자신이 속한 학교를 개선하고자 하는 다른 여성들의 희생에서 비롯된 것이었다. 그녀의 이야기는 기존의 사회·경제 권력 구조 안에서 개인적인 성공의 추구는 한 여성에게는 멋진 일일 수 있지만, 넓게 보면 이는 다른 여성들의 투쟁을 약화시키고 우리 사회의 젠더화되고 인종화된 분업을 강화할 수 있음을 적나라하게 보여 준다.

세상을 바꿀 수 있는 집합적 비전이 필요하다

여성 차별로 고소를 당한 적이 있는 월마트 같은 포천지 선정 500대 기업이 《린 인》의 메시지에 보내는 열광은 샌드버그의 이야기가 발랄하고 근면하며 야심만만한 피고용인을 거느리고 싶은 기업의 욕망에 얼마나 깔끔하게 맞아떨어지는지를 보여 준다. 여성의 성공은 기존의 기업 권력 의제가 정의롭고 정당화된 듯한 인상을 준다. 기업, 그리고 더 넓은 자본주의 경제는 여성들이 진출할 수 있는 길을 제공하고 젠더 평등이라는 모호한 개념을 지원하겠다고 떠들어 댐으로써 능력을 중시하고 심지어는 자애롭다는 이미지를 갖춘다. 남성이든 여성이든 누구든 열심히 일하기만 하면 성공할 수 있다는 식으로 말이다.

지난 30년간 신자유주의와 세계화, 금융화를 거치면서 자본주의 내에서는 통합이 아닌 양극화, 평등이 아닌 차이를 만들어 내는 경향이 굳건해졌다. 자본주의의 내재적 모순은 노동자들이 자신을 고용한 회사와, 그리고 다른 노동자들과 반목하게 만든다. 노동자의 임금은 기업의 이윤에서 직접 흘러나온다. 항상 그렇듯이 기업 간의 경쟁이 격화되면 회사는 노동자에게 더 적게 지불하고, 수당을 삭감하며, 노동자들이 더 열심히 더 오랜 시간 일하게 함으로써 어떻게든 임금에서 남겨 먹으려고 한다.

그러는 동안 자본은 기존의 성차별주의와 인종주의를 이용하여 임금노동의 착취적인 성격을 더욱 악화시킨다. 여성의 야망과 욕망을 침묵시키거나 저평가하면 여성들을 이용하기가 더 수월해진다. 성차별주의와 인종주의는 기업이 여성들, 특히 유색인종 여성에게 임금을 적게 주고 여성들을 차별하며 여성의 임금을 빼앗고 이들을 험하게 다룰 수 있는 근거를 부여한다는 점에서 기업이 애용하는 기본 도구 중 하나다. 하지만 아무리 우리가 성차별주의와 인종주의를 근절한다 해도, 자본주의에 내재된 모순은 남아 있을 것이다. 여성들이 책임 있는 자리에 오른다 해도 이윤 동기의 힘을 뒤엎지는 못할 것이며, 노동자들에게 경제적·사회적·문화적 규범이 허용하는 최소한만을 내주려는 기업의 충동이 바뀌지는 않을 것이다.

여성주의의 목표는 단순히 여성을 위한 동등한 기회나 여성들의 동등한 참여가 아니라 모든 여성을 위한 정의와 평등이다. 사회의 지배적인 권력 구조를 수용하고 옹호하는 샌드버그의 해방 모델은 여성주의의 목표를 자본주의의 목표와 동일선상에 배치함으로써 이데올로기로 기능하고 있다. 엘리트직종 내의 젠더 불평등에 대한 그녀의 비판은 정확하고 사려 깊다고 볼 수도 있지만, 여성들이 자기 착취를 통한 자아실현을 추구하도록 내몰면서 자본주의 노동 윤리를 찬미하고 있다. 샌드버그의 실천 계획을 따르는 여성은 개인의 경력에서 더 많은 성공을 이룰지도 모른다. 어쩌면 샌드버그 자신이 도달했던 정도의 지위에 오를 수도 있다. 하지만 샌드버그의 계획은 기업 위계에서 제한된 권력의 요직을 차지할 수 있는 극소수의 여성들에게만 도움이 될 것이다. 그 외 나머지 모든 여성(가사 노동자, 소매점 직원, 돌봄 노동자 등)은 여전히 배제될 것이며, 이들의 노력은 강화된 자본과 능력 위주의 사회라는 허울에 광을 내 준 여성들로부터 공격을 받게 될 것이다.

이와 함께 대안적인 비전들은 파묻히게 될 것이다. 샌드버그는 억만장자 선지자로서 어마어마한 미디어 제국에 접근할 수 있는 힘을 보유한 덕분에 여성에 대한 공적 토론이 가능한 몇 안 되는 공간을 자신의 목소리와 비전으로 장악하고 있다. 반면 계급과 인종, 젠더가 교차하면서 우리 사회의 부와 행복에 큰 격차를 만들어 내고 있음에 주의를 기울여야 한다고 주장하면서 현 상태에 도전하는 급진적인 이야기들은 설 자리를 잃고 있다.

여성은 항상 상냥하게 주위를 보살펴야 한다는 가부장적 규범 때문에 여성들이 스스로를 억제하고 있다는 샌드버그의 주장은 옳다. 여성들은 이제 완벽한 엄마, 아내, 딸이 되어야 한다는 생각을 내려놓아야 한다. 선두에 서서 힘 있는 자리에 올라야 한다. 샌드버그의 이야기 중 이 정도는 함께 공유하고 내면화할 만하다. 하지만 샌드버그식의 출세 지향주의는 우리 사회의 특징인 근본적으로 착취적인 사회적 관계를 강화하고 맨 꼭대기에 있는 여성들과 밑바닥에 있는 여성들을 영영 분열시키는 시스템을 고착시킬 것이다.

우리 엄마들과 자매들이 수 세대에 걸쳐 손에 넣기 위해 투쟁했던 목표를 진정으로 실현하고자 한다면, 이 세상을 여성에게 좀 더 나은 곳으로 만들고자 한다면, 우리는 기존의 권력 구조에 도전하는 캠페인과 프로젝트에 적극적으로 힘을 실어야 한다. 여성의 삶을 향상시키기 위해서는 여성들이 직장에서 조직을 만들 수 있도록 도와야 한다. 샌드버그 같은 어떤 여성에게는 직장에서 승진할 수 있는 개별적인 전략에 집중하는 것이 효과가 있을 수도 있다. 하지만, 대부분의 여성들이 병가와 육아·간호 휴가, 의료보험, 혹은 승급을 누릴 수 있는 유일한 방법은 "위에서 인색하게 흘려보내는 여성주의"가 아니라 다른 노동자들과 함께 조직한 집합적인 단체교섭을 통해서다.[36] 여성들은 여성을 공동의 의식과 목적으로 뭉치게 하는 집합적인 프로젝트에, 개별 여성의 목소리를 모아 진정한 여성주의를 위한 우렁찬 함성으로 증폭시켜 줄 프로젝트에, 여성들에게 세상을 바꿀 힘을 선사할 프로젝트에 힘을 실어 모두를 위해 더 나은 세상을 만들어야 한다.

1   Sheryl Sandberg, Lean In: Women, Work, and the Will to Lead, New York: Alfred A. Knopf, 2013.

2   Sandberg, Lean In, pp. 146–7, 63, 157–8.

3   Miguel Helft, "Sheryl Sandberg: The Real Story," Forbes, October 10, 2013.

4   같은 책.

5   이 데이터는 2부에 걸친 훌륭한 기사 Gerald Friedman, "The Wages of Gender," in Dollars and Sense, September/October 2013 and November/December 2013에서 가져왔다.

6   Jodi Kantor, "Harvard Business School Case Study: Gender Equity," New York Times, September 7, 2013.

7   www.domesticworkers.org에 실린 일련의 보고서들과 분석을 참고할 것.

8   Betty Friedan, The Feminine Mystique, New York: W.W. Norton, 1997 [1963], p. 164.

9   Friedan, Feminine Mystique, p. 296.

10 Sandberg, Lean In, p. 9.

11 같은 책, 17p.

12 같은 책, 23p.

13 Sandberg, Lean In, pp. 24–5.

14 Ken Auletta, "A Woman's Place: Can Sheryl Sandberg Upend Silicon Valley's Male-Dominated Culture?" New Yorker, July 11, 2011.

15 Sandberg, Lean In, p. 58.

16 Nancy Fraser, "Feminism, Capitalism, and the Cunning of History," New Left Review 2: 56, 2009, 98.

17 Sarah Jaffe, "Trickle-Down Feminism," Dissent, Winter 2013. 벨 훅스 역시 샌드버그가 관계와 가족에 대한 백인, 이성애자 중심의 관점에 특권적인 지위를 부여한다고 비판했다.

18 Sandberg, Lean In, pp. 8–9.

19 Sandberg, Lean In, pp. 8−9.

20 같은 책, p.7.

21 같은 책, pp. 4, 7, 11.

22 Yvonne Roberts, "Mentoring Scheme Gives Women Keys to Gates of Power, Guardian, September 18, 2013.

23 Anne−Marie Slaughter, "Why Women Still Can't Have It All," Atlantic, June 13, 2012.

24 같은 글.

25 Jennifer Skalka Tulumello, "Hillary Clinton Makes a Splash in Chicago, But Not an Overtly Political One," Christian Science Monitor, June 13, 2013.

26 Sandberg, Lean In, pp. 171−2.

27 Kara Swisher, "'Physically Together': Here's the Internal Yahoo No−Work−from−Home Memo for Remote Workers and Maybe More," All Things D, February 22, 2−13.

28 Susan Faludi, "Sandberg Left Single Mothers Behind," CNN Opinion, March 13, 2013.

29 Kate Losse, "Feminism's Tipping Point: Who Wins from Leaning In?" Dissent, March 26, 2013.

30 Sandberg, Lean In, pp. 133−4.

31 Weeks, The Problem with Work, p. 152.

32 같은 책, p. 54.

33 Maya Tokumitsu, "In the Name of Love," Jacobin 13, 2013.

34 Sandberg, Lean In, p. 117.

35 Jenny Brown, "Lean In or Stand Up," Labor Notes, November 4, 2013.

36 Marilyn Sneiderman, quoted in Jaffe, Dissent, 2013.

The New
Prophets
Capital ::

John
Mackey

2장

자본의 이드 ::

홀푸드, 깨어 있는 자본주의와 지속 가능성

착하게 돈을 벌고 싶다

존 매키는 성장기를 인생의 목표를 찾는 데 보냈다. 엄청난 자기 탐색과 독서를 통해 그는 중대한 결정을 내렸다. 어떤 일이 있어도 "나는 그곳이 어디든 간에 내 마음이 이끄는 길을 따를 것이다." 1980년 이후 그의 마음은 그가 "사람들에게 건강한 음식을 팔고 좋은 일자리를 제공하는 가게" 홀푸드마켓을 창립하고 운영하도록 이끌었다. 최근 들어 매키는 그보다 더 원대한 사명에 착수했다. 바로 "기업과 자본주의의 비범한 힘을 해방시켜 모든 사람들이 번영과 사랑, 창의성으로 충만한 삶을 살 수 있는 세상, 공감과 자유, 번영의 세상을 만드는 것"이다.[1]

매키는 우리가 알고 있는 전형적인 최고경영자와는 다르다. 그는 6년 넘게 보수를 받지 않았다. 그리고 홀푸드의 비영리 기구로서 50여 개도국의 빈민들(주로 여성)에게 창업용 소액 융자를 제공하는 홀플래닛재단에 최근의 모든 스톡옵션을 기부했다. 매키는 매일 프리우스 초기 모델을 몰고 출근한다. 그의 사명은 전 세계 사람들이 더 잘 먹게 하고, 다른 사업가들에게 "깨어 있는 자본주의"의 비밀을 가르쳐 주는 것이다. 그는 기업인들과 사회가 가치를 창출하고 지구를 치유하는 "깨어 있는" 사업의 놀라운 힘을 깨닫게 된다면, 우리가 저질렀던 지난 몇십 년간의 실수를 만회할 수 있다고 믿는다.

전 지구적 자본주의의 확산은 일부 사람과 제도에는 이롭지만 가난한 사람들과 지구 자체에는 심각한 해를 끼치고 있다는 의식이 점차 확산되고 있다. 불평등의 확대와 환경오염은 지구를 훼손하지 않고 생계를 안전하게 책임질 수 있는 자본주의의 능력에 의문을 제기하고 있다. 매키는 그동안 자본가들의 행태는 이런 사태를 해결하는 데 도움을 주지 못했다고 생각한다. 기업이 장기적인 성장보다 단기적인 이윤에 목을 매면 사회에 득보다 해가 더 많고 자본주의라는 이름에 먹칠을 한다는 것이 매키의 믿음이다. 기업들은 이런 모델과 연을 끊고 자유 시장 자본주의의 "아름답고" "영웅적인" 정신을 표출해야 한다. 환경 파괴와 사회 불평등 문제를 해결하고 자본주의의 나빠진 이미지를 회복하기 위해, 이 사회에는 창의성을 독려하고 모든 이해 당사자(고객, 노동자, 공급자, 투자자, 공동체, 환경)를 존중함으로써 자신의 사명을 열정적으로 추구하는 기업이 필요하다는 것이다.

홀푸드가 산더미처럼 쌓인 빛나는 핑크레이디 사과와 곧게 뻗은 아스파라거스 무더기 이상의 무언가로 재탄생하게 된 것은 바로 이런 사명 덕분이다. 홀푸드는 매년 이윤의 5~10퍼센트를 홀키즈 프로그램 같은 비영리사업에 기부한다. 홀키즈 프로그램은 취학아동의 영양과 건강 증진을 위해 마련된 이니셔티브다. 홀키즈는 학교에 샐러드바를 설치하고 교직원들에게 영양 정보를 제공하며 학교 텃밭 프로그램에 재정을 지원한다. 캘리포니아, 앨라배마, 오하이오, 오리건 등 많은 주의 초등학교들이 이 프로그램을 통해 학교 텃밭을 만들었다. 홀시티 프로그램은 미시시피 주의 뉴올리언스와 잭슨 같은 도시의 공동체 집단에 지원금과 교육 자료를 제공함으로써 도시의 '식품 사막' 문제를 해결하는 데 앞장서고 있다. 홀푸드는 슈퍼마켓 업계에서 동물에 대한 윤리적

처우도 주도하고 있다. 글로벌애니멀파트너십의 회원이기도 한 홀푸드는 윤리적인 유축(有畜)농업 관행을 확산시키기 위해 엄격한 5단계 등급 평가 시스템을 이용한다고 주장한다.[2]

홀푸드의 핵심 가치는 박애주의적인 제스처와 윤리적으로 생산된 유기농 제품을 판매하는 데서 그치지 않는다. 홀푸드는 공급자부터 지역사회, 노동자와 환경에 이르는 모든 이해 당사자들을 존중하려 노력한다고 말한다. 이들은 독립적인 지역 농장과 식품 장인들에게 물류 지원과 저리의 대출을 제공하고, 소기업들이 자신의 매장을 통해 판로를 확대할 수 있도록 지원한다. 월마트나 맥도널드같이 단기적인 이윤에 목을 매는 고용주들이 지배하고 있는 소매업계에서 홀푸드는 더 높은 급료와 질 좋은 의료 서비스 계획, 그리고 노동자들이 작업장 개선에 대한 의견을 개진할 수 있는 기회를 제공함으로써 이런 흐름을 단호히 거스르고 있다. 지역 매장과 개별 팀 구성원에게 노동 패턴을 조직할 수 있는 자율권을 부여하고 있다는 점에서 지배 구조는 분권화되어 있고, 모든 노동자들이 회사의 고용 통계에 접근할 수 있다. 이를 통해 사람들은 매키 자신을 포함하여 회사 사람들 각자가 돈을 얼마나 버는지 확인할 수 있다. 그리고 미국 기업 임원들의 월급은 지난 20년간 하늘 높은 줄 모르고 치솟았지만, 홀푸드는 임원의 월급을 모든 팀 구성원 평균 월급(전일제 정규직 직원의 경우 시간당 18달러)의 19배로 제한해 놓았다. 참고삼아 비교해 보면 2011년 애플의 팀 쿡(Tim Cook)은 월급과 주식, 그 외 수당으로 3억 7800만 달러를 벌었는데, 이는 애플의 평균적인 직원이 받는 급료의 6258배에 달했다.

홀푸드는 이 모든 일을 하면서도, 대부분의 식품업체들이 어렵사리 수익성을 유지하는 극악무도한 식품업계에서 어떻게 이익을 남길 수 있는 걸까? 2008년 금융 위기 이후 홀푸드의 이윤이 일시적으로 하락하긴 했지만, 매키는 홀푸드가 장기적으로 성공할 수 있었던 것은 깨어 있는 성장 모델 덕분이라고 말한다. 그는 이 모델이 이제까지와는 다른 기업, 창의성과 혁신을 통해 경쟁의 소용돌이를 헤쳐 나갈 수 있는 기업을 낳았다고 믿는다. 홀푸드는 모든 이해 당사자들을 존중함으로써 지구와 "인간 본성의 핵심과 조화를 이룬 운영 시스템"을 만들어 낸다.[3]

많은 사람들이 매키의 주장에 귀를 기울이고 있다. 2013년 그가 라즈 시소디어(Raj Sisodia)와 함께 낸 책《돈 착하게 벌 수는 없는가: 깨어 있는 자본주의에서 답을 찾다(Conscious Capitalism: Liberating the Heroic Spirit of Business)》는 뉴욕타임스와 월스트리스저널의 베스트셀러다. 포브스는 이 책이 최고경영자들에게 영감을 제공할 것이라고 소개했고, 오프라는 슈퍼소울선 데이쇼에서 이 책을 크게 다뤘다. 여러 기업과 사업가들이 "깨어 있는 자본주의" 운동에 동참했다.[4] 이들은 제로섬 사고방식을 발판으로 하는 낡은 기업 패러다임은 더 이상 말을 듣지 않는다고 주장한다. 사회가 지금과 같은 경로를 계속 밟는다면 치명적인 환경적·사회적 영향을 피할 수 없을 것이고, 이것을 피하고자 한다면 다른 길을 가야 한다. 매키는 바로 지금 이것이 시작되고 있으며, 이 자본주의 철학은 아직 초기 단계에 있지만 방향은 분명하다고 믿는다. "만일 당신의 회사가 관심을 기울이지 않는다면 머지않아 사업을 지속하지 못하게 될 것이다."[5]

새로운 지질시대의 도래

지난 30년간 기업의 유일한 사회적 책임은 이윤 창출이라는 주장이 지배적이었다. 이런 이데올로기적 맥락 속에서 크래프트, 월마트, 맥도널드, 휼렛패커드, 노스트롬, 네슬레, 이케아, 사우스웨스트에어라인, 자포스 등의 거대 기업들이 최근 들어 자신들의 공급 사슬을 면밀하게 살피고 지속 가능한 실천을 빠르게 채택하고 있는 놀라운 움직임은 오늘날의 채취, 생산, 유통, 소비의 전 지구적인 모델에 대한 우려가 증가하고 있음을 반영한다.

1972년 MIT의 연구자들은 《성장의 한계》라는 이름의 입이 떡 벌어질 만큼 놀라운 연구 결과를 발표했다. 이 프로젝트는 유한한 자원을 가진 닫힌 세계 안에서 자본주의의 기하급수적 성장이 미칠 수 있는 무시무시한 영향을 컴퓨터 시뮬레이션을 사용하여 밝혀냈다. 이들은 인구, 산업화, 오염, 자원 고갈의 확산 추이를 검토한 결과 21세기 중반에 이르면 전 세계 시스템이 "모든 것을 탕진하고 붕괴"할 수 있다는 시나리오를 제시했다. 그 후 수십 년이 지난 지금 인간이 지구를 망가뜨리고 있다는 인식이 전 세계적으로 확산되고 있다. 심지어 일부 과학자들은 인류가 과거의 거대한 지질학적 사건들과 유사한 방식으로 지구를 바꿔 놓고 있다고 주장하면서, 산업자본주의가 시작된 이후의 시기를 인류세(人類世, Anthropocene)라고 부르기 시작했다.

천연자원보존협회 같은 단체들이 가뭄과 태풍, 화재와 홍수로 몸살을 앓는 미래에 대한 경고를 지속적으로 흘려보내면서, 지구 온난화의 영향에 대한 종말론적 예측은 이제 뉴스의 단골 메뉴가 되었다. 미국의 대초원 지대 아래 위치한 오갈라라 대수층과 카

자흐스탄과 우즈베키스탄 사이에 있는 아랄 해 같은 담수원들은 급속하게 고갈되고 있고, 과학자들은 바닷물의 40퍼센트가 인간 활동의 "영향을 심하게 받고" 있는 것으로 추정한다. 물의 과용은 지구상에서 경작 가능한 토지 면적의 급변과 맞물려 있다. 유엔식량농업기구에 따르면 지구상에 있는 토지의 30퍼센트는 이제 식용 가축을 키우는 데 사용되고 있다. 야생동물 멸종률은 화석에 기록되어 있는 '배경 속도'보다 수백에서 수천 배 더 빠른데, 그중에서 가장 많이 멸종된 동물은 대형 육식동물이다. 과학자들은 주로 서식지 파괴로 인해 1970년 이후 야생 척추동물 군집의 30퍼센트가 사라졌다고 추정한다.[6]

서구인들의 생태 발자국은 특히 크다. 내셔널지오그래픽이 17개국을 대상으로 지속 가능 행동을 조사했는데 미국 소비자들이 꼴찌를 기록했다. 미국 인구는 세계 인구의 5퍼센트밖에 안 되지만, 이들이 소비하는 자원은 세계 석탄 소비량의 25퍼센트, 석유 소비량의 26퍼센트, 천연가스 소비량의 27퍼센트를 차지한다. 미국인들의 집과 차는 다른 나라 것보다 더 크고, 지구상 어떤 나라보다 일인당 소비량이 많다. 변기를 내리고 옷을 세탁하는 데 사용하는 가정용수의 사용과 커피나 육류처럼 식품 생산에 포함된 물 때문에 미국의 아이들은 개도국 아이들보다 30배에서 50배 더 많은 물을 사용하고, 평생 13배 더 많은 생태적 위해를 발생시킨다. 미국의 성인 한 명은 인도의 성인 35명보다 더 많은 자원을 소진시키고 중국의 성인보다 53배 더 많은 상품과 서비스를 구매한다.[7]

과도하게 덩치가 큰 소비 패턴은 문제의 일부에 불과하다. 많은 환경단체들이 지속적인 생산과 소비의 확대가 환경에 미치는 영향을 고려하지 않고 국내총생산을 번영의 척도로 떠받드는 지배적인 경제성장 개념을 비판하고 있다. 그린피스와 열대우림행동네트워크 같은 단체들은 세계무역기구 같은 기구들의 동의하에 초국적 기업들이 지구의 풍요에 무제한적으로 접근할 수 있게 되면서 세계의 대기, 물, 토지가 파괴되고 있다고 주장한다.

자본주의가 아니라 정부가 문제다

매키는 성과만을 중시하는 대기업의 파괴적인 행태가 환경에 해를 끼쳐 왔다고 주장하면서도 자본주의가 문제라는 지적에 대해서는 입에 거품을 물고 반박한다. 매키는 진정한 자본주의 혹은 자유기업 자본주의(자유 시장+자유로운 사람)는 적절하게 이용하기만 하면 지구를 치유할 수 있는 선천적으로 고결한 독특한 시스템이라고 주장한다.

자본주의를 비판하는 사람들은 자본주의 사회는 다수의 빈곤을 이용하여 소수의 풍요를 유지하는 착취적 제로섬 시스템이라고 말한다. 하지만 매키의 생각은 다르다. 그는 자본주의는 사실상 억압이나 착취가 아니라 자유를 발판으로 삼는다고 주장한다. 그에게 자본주의는 "사람들이 상호적인 이득을 위해 자발적으로 거래하는" 시스템이다. 노동자, 고객, 투자자, 공급자 모두 무엇이든 원하는 것을 거래할 자유가 있다. 사람들이 어떤 기업이 판매하는 제품이 마음에 들지 않으면 다른 곳에서 사면 된다. 노동자가 어떤 기업이 직원들을 대하는 방식이 마음에 들지 않으면 다른 일자리를 찾을 수 있다. 하지만 투자자, 노동자, 경영자, 공급자가 함께 힘을 모으기로 결심하면 전무후무한 가치를 만들어 낼 수 있다. 자유 시장에서 이 공동의 가치는 "각각의 이해 당사자들이 만들어 내는 전체적인 기여를 바탕으로 경쟁적인 시장 과정을 통해 가치의 창출자들 사이에서 공정하게 배분된다. 다시 말해서 사업은 승자와 패자가 있는 제로섬 게임이 아니라 모두가 승자가 될 수 있는 윈윈 게임이다."[8]

물론 최근 기업들의 행실이 그렇게 올바르지 못했지만, 매키는 목욕물과 함께 아기까지 버릴 수는 없다고 말한다. 그는 자동차, 컴퓨터, 항생제, 인터넷 같은 이 세상의 훌륭한 것들 대부분은 "정부의 칙령"이 아니라 자유 시장의 산물임을 기억하라고 촉구한다. "시간과 공간을 축소시켜" 우리를 "지루한 노역"에서 해방시켜 준 "경이로운 기술들"은 "의문의 여지 없이 지금까지 존재했던 시스템 중에서 혁신과 사회적 협력을 위한 가장 위대한 시스템"인 자유 시장 자본주의가 있었기에 가능했다.[9]

매키는 불평등과 환경 파괴 문제로 자본주의를 탓할 것이 아니라 정부가 한 일을 살펴봐야 한다고 말한다. 지난 30년간 국가가 시장에서 물러났다는 지배적인 생각과는 달리 국가가 어느 때보다도 더 개입주의적인 태도를 띠게 되었고 그 과정에서 "패거리 자본주의라는 자본주의의 돌연변이를 만들어 냈는데" 이것이 바로 우리 사회가 겪고 있는 많은 문제의 근원이라고 매키는 주장한다. 그는 패거리 자본주의는 "진정한" 자본주의라고 생각하지 않는다. 이것은 자기 밥그릇을 지키려는 정치인들이 너무 게으르거나 상상력이 부족해서 시장 경쟁에서 성공할 수 없는 기업인들과 공생하기 위해 기생 관계를 발달시키는 거대 정부의 산물이다.[10]

매키의 주장에 따르면 패거리 자본주의는 금융 부문과 주주

가치 이데올로기(기업은 주주를 위해 이윤을 극대화하도록 설계된 자산의 흐름일 뿐이라는 생각)의 세 확대로 악화되었다. 매키는 탐욕과 이윤에 대한 이런 집착이 "대부분의 기업에서 사람과 관계 맺는 능력을 앗아 갔고" 수익성을 파괴하고 사람과 지구에 치명적인 해를 입힐 수 있는 "장기적이고 체제 전반적인 문제들"을 양산했다고 주장한다. "너무나도 많은 기업들이 자신이 환경에, 야생 동식물과 가축 등 지구상에 서식하는 다른 모든 피조물들에게, 그리고 팀 구성원들과 고객의 심신에 심각한 영향을 미치고 있음을 인식하지 못하고 있다."[11]

매키는 기업들이 정부의 지원금을 받으려 하거나 주식시장에서 대박을 터뜨리려고 하기보다는 소매를 걷어붙이고 기업 운영 방식을 재고할 필요가 있다고 말한다. 기업에게 가장 먼저 필요한 것은 위계질서가 아니라 "사회 시스템"임을 깨닫는 것이다.[12] 중요하지 않은 사람은 없다. 기업은 노동자들을 쥐어짜거나 공급자들을 속여 분기 판매 실적을 올리고 주식가격을 높일 수 있고 운이 따르면 이런 편법으로 잠시 동안 이윤을 긁어모을 수도 있지만, 장기적으로는 모든 사람과 모든 것에 해를 입히고 관계가 단절되어 고립되고 말 것이다.

지구를 치유하는 윤리적 소비자

홀푸드 소비자들은 주위에 은혜를 베푸는 치유의 기업이라는 매키의 비전을 받아들였고, 그중에는 대단히 헌신적인 소비자층도 나타났다. 최근 어느 연구에 따르면 미국과 캐나다의 소비자들이 꼽은 건강하고 질 좋은 식품을 공급하는 가게 중 홀푸드가 1위를 차지했다.[13] 매키가 가장 좋아하는 추억 하나는 1981년 텍사스 오스틴에 있는 최초의 홀푸드 매장이 큰 홍수로 거의 폐허가 되었을 때 고객과 이웃들이 달려와 지원하고 격려해 준 일이다. 당시 매장은 홍수 때문에 2.4미터에 달하는 더러운 물에 잠겼고, 안에 있던 재고와 장비가 모두 훼손되었다. 매키에게는 악몽과도 같은 일이었다. 하지만 따로 도움을 청하지 않았는데도 물이 빠지고 난 뒤에 수십 명의 고객들이 대걸레와 양동이를 들고 나타났다. 홀푸드를 너무 사랑했던 이들은 가게가 다시 문을 열 수 있도록 돕고 싶었던 것이다. 오늘날에도 홀푸드의 인기는 전과 다름없다. 홀푸드는 입소문에 크게 의지하고 있으며 심지어 뉴욕 같은 먹을거리의 천국에서도 2003년에 가게가 문을 열자 1만 7983 제곱미터짜리 대형 매장에 들어가려는 사람들이 길게 줄을 섰다.

홀푸드의 고객들이 보여 준 헌신과 충성, 그리고 좀 더 넓게는 지속 가능한 유기농 식품에 대한 수요의 증가는 전 지구적인 환경운동의 양상이 바뀌고 있음을 의미한다. 1990년대 초까지 환경운동은 전투적이었고 주로 생산자를 대상으로 삼았다. 전 지구적인 풀뿌리 환경운동 단체들은 국가와 국가의 네트워크, 그리고 유엔 같은 정부 간 기구들을 압박하여 기업들이 하천에 독성 폐기물을 버리거나 삼림을 밀어 버리거나 대기에 배기가스를 내뿜는 것을 규제하도록 하는 데 총력을 집중했다.

지난 15년간 이런 활동의 초점은 국가에서 소비자로 이동했다. 세계화가 부추긴 두려움이 환경주의의 프레임을 바꿔 놓았기 때문이다. 공급 사슬이 세계화되고 자유무역협정이 체결되며 자본이 해외로 도피하는 세계화 시대에 국가는 오존 파괴와 기후변화, 종 다양성의 상실 같은 전 지구적인 거대한 문제, 심지어는 독성 폐기물의 흐름을 통제하거나 소비재에서 독성 물질을 규제하는 훨씬 다루기 쉬운 문제들로부터 시민을 보호할 능력을 갖추지 못한 존재라는 인식이 점점 확산되고 있다.[14]

하지만 세계화 과정은 국가의 정당성을 해체하고 시민들이 자신의 정부로부터 보호받지 못하고 있다고 느끼게 만들었지만, "세계시민의식"이라는 감정을 발판으로 새로운 전 지구적인 정체성을 형성하는 데 일조했다.[15] 특히 서구인들은 자신이 소비자로서 전 지구적인 가치 사슬을 만들어 내고 추동하는 힘을 거북하게 의식하기 시작했다. 과거에 소비자는 산업계의 거대한 오염자들에 비해 "작은 오염자"라고 여겼지만, 최근에는 이런 관점이 바뀌었다. 오늘날 전 지구적으로 조직된 환경운동 세력들은 소비자를 국가와 기업, 그리고 시민사회 행위자들과 동급에 놓는다.

이런 새로운 의식은 소비를 정치 및 시민성과 융합시켜 "생태적 소비주의"와 "생활의 정치"라는 결과를 낳았다. 사회학자 호세 존스턴(Josée Johnston)은 소비의 정치가 인기 있는 이유 중 하나는 그것이 대단히 쉽기 때문이라고 말한다. "소비자로서 올바른 선택을 하도록 하는 것은 성공 가능하면서도 동시에 편리한 전략으로 비친다. 특히 사회운동을 조직하는 일이나 노동조합주의의 부담스러운 요구에 비하면 그렇다."

생활의 정치는 후기 자본주의의 불안과 불행 같은 좀 더 일반적인 감정을 표현할 수 있는 대단히 넓은 기회 역시 제공한다. 개인 부채로 인한 스트레스에 시달리고 불공정 거래 정책에 경악을 금치 못하거나 공짜 식품 운동과 전 지구적인 사회정의에 새롭게 관심을 가지게 된 사람들의 귓전에는 유기농 식품이나 지속 가능하게 생산된 가구 같은 더 나은 물건을 구매함으로써 변화를 일굴 수 있다는 주장들이 울려 퍼진다. "윤리적 소비는 소비자의 선택이라는 힘을 이용함으로써 환경을 지키고 빈곤을 해소하며 민주주의를 확산시키는 방식으로 시장의 형태를 결정할 수 있을 듯하다." 윤리적인 소비라는 틀에서 소비자-시민은 국가의 시들어 가는 자율성과 힘을 증강시키고, 구매 선택을 통해 기업의 행태를 좌지우지할 수 있는 강력한 행위자가 된다.[16]

하지만 생활의 정치에는 소비자와 이들의 선택이 어떻게 지구를 구할 수 있을지에 대한 분명한 사상이 결여되어 있다. 특히 부유한 서구인들의 경우 소비주의를 멀리하고 소비를 크게 줄여야 한다고 주장하는 급진적인 입장을 취하는 사람도 있지만, 물건을 적게 사기보다는 지속 가능한 방식으로 생산된 상품을 구입하는 데 초점을 두는 개량적인 중도적 접근법을 제안하는 사람도 있다. 미국에서 생활의 정치는 일대 유행이며 앞서 말한 소비에 대한 두 가지 메시지는 어디서나 볼 수 있다. 미니멀리즘은 세련될 뿐만 아니라 사람들의 원기를 북돋는 힘이 있다. 수천 명에 달하는 사람들이 자신의 소장품을 100개로 줄이는 데이브 브루노 (Dave Bruno)[미국식 소비주의에서 해방되는 데 주력하는 100개의 도전 100 Thing Challenge 프로젝트를 만든 사람이자 동명의 책을 저술한 작가]의 "100개만으로 살아 보기"에 착수했다. 사람들은 J. R. 왓킨스(J. R. Watkins)의 천연 비누가 가진 "양심을 깨끗하게 만드는 힘"으로 손과 영혼을 문지른다. 환경사업가인 그레이엄 힐(Graham Hill)은 도시 거주자를 위해 호화로운 초소형 아파트를 개발했다. 움직이는 벽과 접이식 커피 테이블(3325달러), 첨단 머피침대(2만 1250달러)로 공간 낭비를 최소화한 128제곱미터의 기본형 아파트가 2012년 첫선을 보였다. 힐은 사회경제적 배경에 관계없이 미국인들은 너무 많은 물건을 사고 있다고 주장한다. 이 모든 물건은 우리를 빚더미 위에 앉게 하고, 지구를 해치며, 우리를 전체적으로 불행하게 만든다. 그는 우리가 진짜 누구인지를 드러낼 수 있도록 "편집된 소지품만 남기고" 나머지 물건들을 처분하여 "우리 삶의 동맥을 청소"하라고 촉구한다. "작은 것이 섹시하다!" 우리는 "더 적은 것의 기쁨"을 경험함으로써 행복을 이루고 그 과정에서 지구를 치유할 수 있다.[17]

자연, 자본주의, 기업가 정신

홀푸드에서의 쇼핑은 우리 삶의 동맥을 청소하고픈 이런 욕망을 풀어 준다. 아르헨티나산 유기농 어베이트 그레텔 배와 프랑스산

브리야사바랭 치즈를 구매함으로써 내가 쓰는 돈이 지구 남반구의 가축들과 빈민 여성들에게 도움을 준다는 사실을 인지하는 양식 있는 소비자−시민이라는 기분을 만끽할 수도 있다. 그러나 매키의 깨어 있는 자본주의 모델에서 핵심은 소비자가 아니다. 매키도 소비자의 힘을 인정하기는 하지만, 그에게 주인공은 자신과 같은 기업가다.

기업가는 기업, 사회, 세계의 진보를 이끌어 가는, 자유기업 경제의 진정한 영웅이다. 이들은 세계가 지향할 수 있고 지향해야 하는 다양한 길을 창의적으로 펼쳐 보임으로써 문제를 해결한다. 상상력과 창의력, 열정과 에너지를 가진 이들은 폭넓은 변화를 만들어 내는 세계 최대의 창조자들이다.[18]

매키의 친환경적인 기업 비전과 전체론적 자유 시장 자본주의에 대한 신념의 뿌리는, 시장은 자연 질서의 일부며 마치 살아 있는 유기체처럼 자연법을 따른다고 믿었던 18세기 프랑스 철학의 중농주의자들로 거슬러 올라간다. 매키에게 있어서 잘 관리된, 깨어 있는 기업은 "어떤 진화된, 지각 있는 존재처럼 자기 스스로 관리하고 스스로 동기를 부여하며 스스로 조직하고 스스로 치유한다."[19] 지구 구석구석으로 자본주의가 확대되는 것은 거래하고 교환하려 하는 인간의 "자연적인" 성향에서 유래된, 유기적인 과정으로 인식된다.

시장과 기업이 자연(과 자연의 법칙을 따르는 것) 혹은 본성과 뒤얽혀 있다는 이야기는, 사회는 근본적으로 자연과 분리되어 있다고 보는 칸트식의 자유주의적 자연 개념과 거리가 있다. 인간과 자연의 관계는 수세기에 걸쳐 변화해 왔지만(그 야생성에 대한 두려움에서부터, 자연은 "돌아가야 할 장소"라는 식의 향수, 그리고 최근에는 자연 파괴에 대한 두려움에 이르기까지), 자유주의적인 사고 틀에서 사회는 항상 자연의 외부에 존재하거나 자연과 대립적인 관계에 놓인다. '지구먼저!(EarthFirst!)'라는 비정부 기구의 이름이 예시하듯 이런 관점은 기업과 시장, 사회가 그 존재 자체만으로도 자연을 훼손하고 인간 이전의 고결한 상태를 더럽힌다고 바라본다.[20]

매키는 시장과 기업이 자연을 짓밟는 이질적인 힘이라고 여기지 않으며, 환경주의자들은 "마음을 열고" "환경 아마겟돈"에 대한 강박을 버릴 필요가 있다고 생각한다. 깨어 있는 자본주의 모델에서 환경은 투자자, 공급자, 노동자, 고객, 공동체와 동등한 권리를 가진 이해 당사자다. 윤리적인 구매, 친환경 건축물 인증,

폐기물 저감, 재사용 포장재 사용, 무독성 세제 등 홀푸드의 실천들이 보여 주듯 환경의 필요는 사업 모델 안에 녹아들어 있다. 매키에게 있어서 깨어 있는 사업체를 운영하는 현명한 기업가는 지구를 해치는 외부적인 힘이 아니다. 깨어 있는 사업체는 "지구와 그 위에서 살아가는 모든 지각 있는 존재들을 진심으로 돌보고 … 자연의 영광을 찬미하며, 탄소와 탄소중립 너머를 생각함으로써 생태계에 지속적인 활력을 북돋는 치유의 힘이 된다."[21]

보팔, 러브커낼, 딥워터호라이즌 같은 재난들과 지금도 지속되고 있는 쉘 나이지리아의 공포극이 여실히 보여 주듯 기업들이 항상 환경(혹은 인간)의 친구이기만 한 것은 아니었다. 물 부족과 침식 같은 만성적이고 장기적인 환경문제들은 향후 한동안 무수한 지역사회와 국가에서 극심한 고통을 초래할 것으로 예상된다. 하지만 매키는 기업은 그다음 단계인 깨어 있는 자본주의로 꾸준히 진화하고 있으며, 자신 같은 깨어 있는 기업가는 "높은 수준의 분석적·감성적·영적 지능"에서 얻어진 "근본적으로 정교하고 복잡한 사고방식"을 가지고 있기 때문에 이런 문제들을 풀 수 있으리라고 자신한다.[22] 우리는 환경문제를 시정하기 위해 기업을 규제하라고 요구하고픈 유혹을 느낄 수도 있지만, 매키는 우리에게 가만히 있으라고 한다. 기업이 깨어 있는 사업 모델을 따르는 날,

자연스럽게 그 주위에 있는 세상과 조화를 이루게 된다. 기업 역시 지각 있고 공생하는 지구의 일부가 되는 것이다.

시장은 자연스럽고 국가는 부자연스럽다?

자유 시장 이야기는 매력적이다. 이 이야기는 자유와 창의성, 아름다움 같은 가치들을 근거로 삼고 스스로를 노역이나 독재, 기아의 이미지와는 대비시킨다. 하지만 시장과 그 안에서 작동하는 기업들의 역사는 자연의 섭리와 같은 이야기가 될 수 없다.

오늘날 시장과 국가, 기업의 논의를 주도하는 지배적인 담론은 신자유주의다. 매키의 자유 시장 기업모델과 역사적 서사는 이 신자유주의 틀 안에서 깔끔하게 맞아떨어진다. 신자유주의의 관점에서 경제 영역은 "자발적으로 자연적인 평형상태에 도달할 수 있는 자율적이고 자기 조절되며 자기 규제되는 시스템이다."[23] 하지만 자유 시장의 역사적 서사에는 경험적인 근거가 없다. 경제 사가인 칼 폴라니(Karl Polanyi)가 수십 년 전 주장했듯 자본주의 시장은 자연이 아니라 국가 조작의 산물이다.[24]

자유 시장의 진앙지로 거론되는 미국의 산업 발전 역사는 시장의 정치적 본성을 잘 보여 준다. 미국의 시장 형성 역사도 수탈과 학살을 통해 이루어졌다. 노예들의 노동력과 국가를 등에 업은 대량 학살과 토지 수탈을 통해 상품과 자본을 확보하고 산업구조를 만들어 냈다. 막강한 영향력을 지닌 법률은 국내시장과 신생 산업들을 외부의 경쟁으로부터 보호해 주었고, 연방정부와 주정부는 물리적 기반 시설(운하, 철도, 전신)의 발전과 엄청난 양의 농업 및 산업 지식의 창조에서 중심적인 역할을 했다. 이 모두가 미국에서 산업자본주의가 발생하는 데 없어서는 안 되는 요소들이었다.

　　동시에 달 착륙 로켓, 페니실린, 컴퓨터, 인터넷 등 지난 200년간 사회의 가장 위대한 발명과 혁신들은 자유로운 시장이라는 건강한 경쟁의 조건에서 활동하던 외로운 기업가와 기업이 우리에게 거저 베푼 것이 아니었다. 이런 발명과 혁신들은 제도의 산물이었다. 인터넷을 발명한 것은 유럽입자물리연구소와 국방부였고, 트랜지스터와 레이더, 정보이론과 "품질관리", 그 외 우리 세대에 중요한 수십 가지 혁신들을 만들어 낸 것은 벨연구소(연방에서 하사한 독점권 덕분에 시장 경쟁에서 자유로웠던 AT&T의 내부 조직)였다.[25] 과학과 기술, 수학에서 이루어진 거의 모든 진전은 정부의 재정 지원을 받아 대학에서 함께 연구한 사람들을 통해 이루어졌다. 창의성과 혁신은 무수한 장소에서 비롯된다. 기업은 영향력 있는 혁신을 이루어 내지만, 이윤 동기와 경쟁시장, 손익계산의 테두리 밖에서 활동하는 다른 기관들 역시 혁신을 만들어 낸다.

케임브리지대학교 경제학 교수 장하준의 주장처럼 이것은 이론적 트집 잡기도, 단순히 역사적 "진실"에 대한 주장도 아니다. 역사적 서사를 바로잡는 것이 중요한 이유는 우리가 말하는 이야기들은 "시장이 국가 및 다른 제도와 맺는 상호 관계뿐만 아니라, 시장의 본성과 발전을 이해하는 방식에 심대한 영향을 미치기" 때문이다.[26] 신자유주의적 서사에서 국가는 지대를 추구하는 정치인들과 관료들의 손에 놀아나는 침입자이기 때문에 그 활동 영역을 제한해야 한다. 시장과, 그 안에서 활동하는 기업은 자연의 법칙을 따르는 자연적인 존재지만, 국가는 인간의 법칙을 따르는 부자연스럽고 잠재적으로 위험한 존재다. 이 역사적 서사의 함의는 국가는 항상 그 행동을 정당화해야 한다는 것이다. 즉 신자유주의자들에 따르면 개입이 필요 없는 자연적인 시장 과정에 어째서 국가가 끼어드는지를 정당화해야 한다는 것이다.

이것은 기만이다. 신자유주의 모델은 어떤 형태의 국가 개입이 필요한지 구체적으로 명시하지 않는다. 많은 신자유주의자들과 매키 같은 자유주의자들은 국가가 사유재산과 국민들을 범죄로부터 보호해야 하고 최소한의 기반 시설을 제공해야 하며 환경법과 공중보건법 같은 법을 어기고 싶어 하는 사람이나 기업들로부터 사회를 보호하는 기본적인 법을 마련해야 한다고 말한다.[27] 하지만 이런 개입은 왜 정당하고, 무상 고등교육이나 보편적인 의료 서비스 같은 다른 개입은 정당하지 않은가에 대해서는 결코 자연스러운 설명을 내놓지 못한다. 최근 세계무역기구 회의에서 어린이노동과 독성 폐기물 처분을 둘러싼 격론과, 이를 금지하는 것이 정당한 국가 개입인지 여부에 대한 갑론을박은 국가와 시장의 관계가 얼마나 역사적이고 논쟁의 여지가 있는지를 보여 준다.[28] 국가와 시장의 관계는 시공간에 따라 변화하는 권리와 의무에 대한 기존의 규범에 의해 구성되는 '정치적인' 관계다.

시장은 자연스럽고 국가는 부자연스럽다고 규정하는 것은 현상태를 고수하려는 사람들의 편리한 환상일 뿐이다. 이는 지금의 권력, 부, 자원 분배 상태가 자연스럽고 따라서 불가피하며 논쟁의 여지가 없어 보이게 만든다. 하지만 이것은 당연히 진실이 아니다. 국가는 신자유주의 시장을 포함한 시장들을 주조하고 지속시키며 종종 창조한다. 이런 시장의 양상은 주어진 시점의 계급

균형에 좌우된다. 자본주의 시장과, 거기서 발생되는 불평등 및 퇴락은 자연의 산물이 아니라 정치적 피조물이다.[29] 자연과 사회(그리고 국가와 시장)는 분리할 수 없다. 이데올로기적, 정치적, 경제적인 과정을 통해 인간에 의해 동시에 생산되기 때문이다. 이를 이해한다면 우리는 자연스러운 자유 시장이라는 지배적인 사고와, 매키가 약속한 기업의 해방적인 잠재력에 도전할 수 있다.

지구를 구하느냐, 기업을 살리느냐

좋다. 자유로운 시장은 존재하지 않고 국가 같은 다른 제도들이 분명 중요하다. 하지만 어떻게 이런 여러 제도들이 지구온난화와 열대우림 파괴, 생물 종의 멸종을 중단시킬 수 있을까? 국가는 중요한 행위자이긴 하지만 자율성과 권력, 권한이 약화되어 그 어느 때보다 힘이 약해진 듯하고, 대부분의 환경 규제를 명백하게 반대하는 세계무역기구 같은 국제기구에 가입해 있는 데다, 국가 스스로도 경제 발전이 필요한 입장이고 보니 국가가 기업에게 이래라저래라 하기가 쉽지 않다.

반면 초국적 기업들은 그 어느 때보다 강해졌다. 유니레버나 월마트 같은 거대 기업 하나가 전 세계적인 공급 사슬을 통해 매일 전 세계 수백만 명의 사람들에게 영향을 미친다. 자유로운 시장이란 건 존재하지 않는다 하더라도, 지구를 치유할 수 있는 가장 합리적인 길은 어쩌면 기업 쪽에 있을지도 모른다. 기업에는 행동을 재빨리 조정할 수 있는 비할 데 없는 능력과 영향력, 권한이 있다. 매키의 이야기에 따르면, 모든 이해 당사자들을 존중하는 긍정적 사명을 지닌 계몽된 기업은 지구를 치유할 수 있다. 기업이 공급자와 노동자, 지역사회와 환경을 정당하게 대우한다면 시간이 지나도 변치 않는 생산과 소비의 선순환을 만들 수 있다고 매키는 말한다.

제너럴일렉트릭, 월마트, 이케아, SC존슨, 펩시, 푸마 같은 많은 기업들은 특히 공급 사슬 추적, 회계감사, 녹색 구매, 인증서, 에코라벨링, 공정을 근본적으로 간소화하고 폐기물을 줄이며 이윤을 높이기 위한 생애 주기 평가 같은 지속 가능한 "생태 경영" 실천을 채택함으로써 깨어 있는 자본주의의 경로에 들어서고 있는 듯하다. 이런 생태 경영 실천은 "그린워싱"을 통해 대기업의 이미지를 개선시켜 준다.[30] 하지만 생태 경영 실천의 더 큰 매력은 갈수록 경쟁이 심화되고 있는 불확실한 세계경제에서 기업들이

(대기업에서 60~90퍼센트의 비용을 차지하는) 공급 사슬에 대한 통제력을 확보하기에 유용하다는 데 있다. 공급 사슬의 효율성과 투명성이 높아지면 기업들은 물류 및 재정 지원을 통해 자신들이 좋아하는 그리고 필요로 하는 공급자는 지원하고, 곤란한 상황이나 소송을 일으킬 수 있는 조잡한 유해 제품을 만들어 내는 공급자들은 헌신짝처럼 버릴 수 있다. 생태 경영 실천을 통해 새롭게 창출된 이윤은 신흥 시장에서 경쟁력 있는 새로운 저비용 제품을 개발하고, 기성의 부유한 시장을 위한 기존 제품들의 비용을 낮추는 데 사용된다.[31]

대기업이 지속 가능한 경영 실천에서 기반을 닦는 동안 그린피스와 시에라클럽 같은 환경단체들은 생태 경영 모델을 포용하는 방향으로 움직이고 있다. 1987년 브룬틀란보고서의 친기업적인 환경 메시지에 기업 활동을 통제하는 국가권력의 약화가 더해지면서 대형 환경단체들은 지난 10년간 기업에 대한 입장을 바꾸고 시장을 변화의 가장 중요한 지렛대로 여기게 되었다.[32] 세계야생생물기금 캐나다본부의 최고경영자인 제럴드 버츠(Gerald Butts)는 세계야생생물기금이 코카콜라와 동반자 관계를 맺기로 결정한 것에 대해 이렇게 설명한다.

우리는 75개국 정부를 대상으로 상품을 재배하고 생산하는 방식에 대한 규제의 틀을 바꾸라는 로비를 하는 데 50년을 쓸 수도 있다. 혹은 코카콜라에 있는 이 사람들이 특정한 방식으로 재배되거나 생산되지 않은 물건은 절대 구매하지 않겠다는 결정을 내릴 수도 있다. 그러면 세계 공급 사슬 전체가 하루아침에 바뀌게 된다.[33]

거대 환경단체들은 신자유주의와 초국적 기업들을 비판할 수도 있지만, 오늘날 이들의 전략적 의제는 홀푸드나 월마트 같은 기업들과 대단히 유사해 보인다. 국가는 미심쩍고 무능한 세력으로 보이는 반면, 기업은 변화의 핵심적인 견인차가 되었다.

이런 전 세계적인 흐름을 고려했을 때, 생태 경영 실천을 확대하고 홀푸드의 모델을 확장시키는 것이 타당하진 않을까? 기업들이 양심적으로 책임감 있게 행동하면 우리는 지금의 생산과 소비의 악순환에서 해방되어, 지구와 좀 더 건강한 관계를 발전시킬 수 있지 않을까? 홀푸드의 모델이 월마트보다 더 나은 경영 방식임에는 의문의 여지가 없다. 하지만 이런 매력에도 불구하고 깨어 있는 자본주의는 기업의 파괴적인 영향이나 임박한 환경 위기에 대한 해법이 될 수 없다.

깨어 있는 자본주의 모델에는 두 가지 상호 연관된 문제가 있다. 첫째, 깨어 있는 자본주의 모델은 도덕적인 성장을 일굼으로 써 지구를 파괴하고 수십억에 달하는 사람들을 빈곤의 구렁텅이 에 몰아넣는 자본주의의 경쟁적인 경향을 극복하고 뛰어넘을 수 있다고 주장한다. 매키의 핵심적인 주장은 자신의 자본주의 철학 은 이윤이나 경쟁 같은 일반적인 요구의 지배를 받지 않는다는 것 이다. 하지만 데이비드 하비는 자본주의에서 경쟁은 불가피하다 고 주장한다. "강압적인 경쟁 법칙"을 특징으로 하는 시스템에서 기업은 이윤을 발생시키고 늘려 나가야 한다. 하비는 이렇게 말 한다. "만일 나는 자본가로서 확대에 재투자하지 않았는데 경쟁 자가 그렇게 했을 경우 조금만 지나면 나는 업계에서 밀려날 공 산이 크다. 나는 내 시장 지분을 지키고 늘려 갈 필요가 있다. 자 본가로 남으려면 재투자를 해야 한다."[34] 많은 기업들이 같은 데 다 투자를 하면 경쟁은 격화되고 이윤은 하락한다.

　매키는 기업이 이윤을 남겨야 한다는 점은 인정하지만 결국 양심과 이윤 중 하나를 선택할 수밖에 없게 된다는 사실과 이윤 충동의 중심성, 그리고 경쟁으로 인한 문제는 모르는 척한다. 그 의 모델에서 이윤은 모든 이해 당사자들을 존중하는 고결한 선 순환과 혁신을 통해 자연스럽게 발생하기 때문에 경쟁은 큰 영향 을 미치지 못한다.

홀푸드마켓이 가령 엄정하게 공급 사슬 효율성이나 유통의 규모의 경제를 놓고 월마트와 경쟁해야 한다면 우리가 이기지는 못할 것이다. 하지만 우리는 더 민첩하고 창의적이며 혁신적으로 더 나은 매장 환경을 만들어 내고 동시에 더 질 좋은 서비스를 제공할 수 있다. 월마트가 우리의 진전을 파악할 때쯤이면 우리는 항상 진화하는 고객들을 위해 새로운 가치를 창출하는, 더 새롭고 나은 혁신 단계로 넘어가 있을 것이다.[35]

매키는 라즈 시소디어의 《사랑의 기업(Firms of Endearment)》 연구를 인용하여 15년 동안 28개의 깨어 있는 기업들이 S&P 500 지수를 10.5배 능가하는 성과를 올렸음을 보여 준다. 하지만 매키의 이야기에서 '오래된' 깨어 있는 기업들이 빠져 있다는 것은 이상한 일이 아닐 수 없다. 역사를 되짚어 보면 제너럴모터스, IBM, 코닥처럼 한동안 잘나가던 기업들이 실패하거나 수익성이 낮아졌다는 사실을 확인할 수 있다. 매키는 자신의 기업 비전이 새롭기도 하고, 오래된 기업들이 쉽게 길을 잃었고 핵심 가치를 포기해 버렸으며 탐욕스럽고 게을러졌다는 주관적인 믿음을 내세워 이를 무마하려 한다. 많은 기업인들이 수년간 매키의 경영 철학에 담긴 핵심 요소들을 공유해 왔다. 이런 원칙 중 어떤 것도 오래

살아남지 못했다는 사실은 탐욕이나 게으름이 아니라 경쟁이 장기적인 영향을 미쳤음을 나타낸다.

홀푸드는 지금까지 성장세를 거듭했다. 물론 이는 어느 정도는 홀푸드가 만들어 낸 선순환과 홀푸드의 물품을 구매하는 부유한 고객들 덕분임을 부정할 수 없다. 하지만 홀푸드에는 탐욕적인 면도 있다. 홀푸드는 그 짧은 역사 동안 수십 개의 회사와 수백 개의 독립적인 건강식품점들을 매입하여 흡수했다. 1980년 한 개 매장에서 출발한 홀푸드는 오늘날 373개의 매장을 거느리고 있다. 그리고 곧 107개 매장이 문을 열 것이다[2014년 현재 상황임].[36]

이 점은 홀푸드의 성공과 무관할 수 없다. 오늘날 홀푸드는 세계 최대의 유기농·자연식품 판매점이다. 하지만 홀푸드가 독점을 유지하는 능력은 제한적일 수밖에 없다. 종신 고용과 훌륭한 보수, 괜찮은 작업장을 후하게 보장해 주던, 한때 천하무적으로 보였던 IBM 같은 회사가 몰락한 걸 보면 이윤과 경쟁의 압박(그리고 독점 권력의 하루살이 같은 수명)이 얼마나 중요한지 분명해진다. 기업 소유주가 얼마나 깨어 있든 얼마나 고매한 마음을 품고 있든, 이윤이 하락하는 경쟁 시장에 맞닥뜨리게 되면 유일한 선택은 원칙을 포기하거나 망하거나 둘 중 하나일 수밖에 없다. 경쟁은 항상 철학을 넘어선다.

매키는 어쩌면 장기적으로 홀푸드의 수익성을 유지할 수 있는 마법 공식을 발견했는지도 모른다. 만일 그렇다면 그 모델이 언제까지나 계속 작동할까? 그렇지 않다. 만에 하나 기적적으로 모든 혹은 대부분의 기업들이 자신의 원칙을 유지하면서 경영을 지속하고 꾸준한 혁신과 다각화, 창의성을 통해 이윤을 빠듯하게 남긴다고 하더라도, 이 모든 활동의 총합은 꾸준히 팽창하는 자본주의 시장이며, 이 속에서 환경은 항상 패자일 수밖에 없다.

깨어 있는 자본주의, 지속 가능한 자본주의, 생태 경영 같은 개념들은 모두 더 많은 생산을 유지해야 하는 기업의 본질적인 필요를 숨기고 있다. 공급자와의 관계를 개선하고 자원 사용과 폐기물을 줄이려는 기업의 움직임은 생산과 소비의 속도를 늦추기 위해 설계된 것이 아니다. 생태 경영 실천은 기업이 성장의 속도를 높이고, 새로운 시장에 진출할 수 있는 능력을 가속화하며, 새로운 고객을 확보하고 새로운 이윤을 창출하기 위한 방편일 뿐이다. 지역자립연구소의 공동책임자인 스테이시 미첼(Stacey Mitchell)은 이렇게 주장한다.

월마트는 제품이 공장을 출발하여 매대를 거쳐 가정에서 매립지에

도착하는 속도를 높임으로써 소비의 순환을 가속화하고 있다. 월마트가 티셔츠 한 장이나 텔레비전 한 대에 들어가는 자원의 양을 아무리 줄인다손 치더라도, 그로 인한 성과는 우리가 소비하는 티셔츠와 텔레비전의 수가 증가함으로써 무색해질 것이다. 일보 전진하고 삼보 후퇴하는 격이다.[37]

결국 홀푸드는 기업이 생존을 원한다면 몸피를 불려야만 하는 자본주의 세계경제 안에서 사업을 하고 있다. 지속 가능한 경영 실천은 자원이 고갈되고 갈수록 경쟁이 심해지는 세계경제에서 기업이 생존하고 스스로를 확장할 수 있는 능력을 지속시켜 줄 것이다. 그러나 생태 경영은 생산과 소비 혹은 폐기의 본질을 바꾸지 못한다. 기업(이나 인간)의 생태 발자국을 감소시키지도 못한다. 지속 가능 경영은 기업이 새로운 시장으로 영역을 확대하고 새로운 공급 자원을 이용함으로써 더 크고 깊은 발자국을 남길 수 있게 한다. 자본주의 내에서 당연하게도, 생산이 인간의 필요 충족이 아니라 이윤 증대를 위해 설계되는 한, 환경은 결코 무사할 수도 치유될 수도 없다. 지리학자 닐 스미스(Neil Smith)의 주장처럼 자본주의 내에서 "자연은 생산의 주체, 대상, 수단을 제공할 뿐만 아니라 그 전체가 생산과정의 부속품이라는 점에서 '보편적인 생산수단'이 되었다."[38]

경쟁은 자본주의의 핵심적인 특징이며, 이를 통해 궁극적으로 모든 온정적이거나 모호한 형태의 자본주의가 강압적으로 확산될 것이다. 장기적인 선성장이 아무리 가능하다 하더라도 이윤 동기의 요청으로 인해 자본주의는 끊임없이 팽창·성장하고, 그 과정에서 지구를 파괴할 수밖에 없다. 지속 가능 생산과 생태 경영은 이 철칙에 맞서는 어떤 일도 결코 하지 않는다.

이는 이 모델이 모든 이해 당사자를 동등하게 존중할 수 있다는 생각에 입각해 있다는 두 번째 문제로 연결된다. 자본주의 안에서 이것은 터무니없는 소리다. 환경과 노동자보다 소비자와 투자자를 언제나 우선적으로 고려해야 한다. 기업은 민주적인 제도가 아니며, 환경 정의를 위한 급진 프로젝트의 중심이 될 수 없다.

매키의 틀에서 시장은 조직을 주도하며, 교환 관계는 사람들을 한데 엮어 준다. 매키는 경쟁 시장에서 이런 교환 관계는 "평등과 자유의 원칙에 입각해" 있기 때문에 항상 자애롭다고 믿는다. 투자자들은 더 많은 돈을 얻기 위해 자신의 돈을 내놓고, 노동자들은 필요한 물건을 살 수 있는 임금을 얻기 위해 노동력을 내놓는다. "기업이 아무리 비대해져도 고객이나 팀 구성원, 그 외 다른 이해 당사자들에게 억압적인 힘을 행사하지 못한다. 기업이 할 수 있는 일은 각각의 이해 당사자들에게 선택지가 적힌 메뉴를 제공하는 것이 전부다. 이해 당사자들에게는 선택의 자유가 있다."[39]

하지만 마르크스가 주장했듯이 노동자와 투자자가 시장에서 서로 만난다 하더라도 이들은 동등한 관계로 대면하지 못한다. 교환 과정에만 집중할 경우 사회의 계급적 기초를 보지 못하게 된다. 노동자들은 임금을 위해 자신의 노동력을 자유롭게 판매하지만, 역사는 노동자가 그 밖에 다른 방식으로 생존할 수 있는 수단을 갖지 못하게 이들을 "해방"시키기도 했다.

사실 매키도 이 점을 알고 있다. 그는 모든 이해 당사자가 동등해야 한다고는 결코 말하지 않는다. 대신 그는 깨어 있는 자본주의는 모든 이해 당사자들을 위해 "가치를 최적화"한다고 주장한다. 이는 주어진 시스템 혹은 관계 구조 안에서 최대한 가치를 상승시킨다는 뜻이다. 하지만 자본주의 내에서 이해 당사자들을 위한 이득을 최적화하는 데는 본질적인 한계가 있다. 투자자 같은 일부 이해 당사자들은 항상 노동자 같은 다른 이해 당사자들보다 훨씬 더 큰 권력을 갖게 된다. 매키는 투자자에 대한 지불이 가장 마지막에 이루어지기 때문에 이는 어쩔 수 없으며, 이런 힘이 없을 경우 이해 당사자들은 어쩔 수 없이 경영진이나 기업의 다른 이해 당사자들로부터 착취를 당하게 될 것이라고 주장한다.

홀푸드 노동자들은 수많은 소매점과 패스트푸드 노동자들보다는 형편이 낫다.[40] 종신 고용된 전일제 노동자들은 최저임금보다 꽤 많은 돈을 벌고, 파트타임 노동자와 전일제 노동자 모두 의료보험 혜택을 누린다. 주당 최소 20시간 일하는 파트타임 노동자는 400시간 근무를 하고 나면 모든 비용을 보장해 주는 보험에 들 수 있고, 전일제 노동자들은 800시간 근무를 하고 나면 낮은 비용으로 보장해 주는 보험을 가질 수 있다. 임원의 보수는 다른 대기업에 비해 억제된 편이고, 경영 구조는 수직적이기보다는 수평적이다. 하지만 많은 홀푸드 노동자들의 임금은 생활임금에 훨씬 못 미친다. 계산원의 임금은 종신 고용 노동자의 경우 시간당 8~14달러이며, 다른 매장 직원들의 임금은 시간당 10~15달러이다. 홀푸드가 모든 이해 당사자들을 존중한다는 주장에도 불구하고, 전일제 노동자를 포함한 많은 구성원들이 푸드스탬프[미국의 저소득층 식비 지원 제도]에 의지할 수밖에 없는 상태다. 최근 연구에 따르면 홀푸드 매사추세츠 노동자의 17퍼센트가 저소득층 의료보장 제도인 메디케이드에 등록되어 있다.[41] 홀푸드의 "수익 배분" 프로그램으로 일부 노동자들의 임금률이 올라가기도 하지만, 보너스와 승진은 노동자들 간의 경쟁에 좌우된다. 팀은 매장의 다른 팀들과 경쟁 관계에 있고, 매장과 지역은 서로 경쟁 관계에 놓여 있는데, 여기서 기준은 수익성과 고객 서비스 같은 것이다.

2013년 7월, 시카고의 홀푸드 노동자들은 다른 패스트푸드 및 소매업 노동자들과 함께 생활임금 쟁취와 포인트 시스템(전화로 병결을 알리는 행위 등 규정을 위반한 노동자들에게 해고로 이어질 수 있는 벌점을 부과하는 제도)의 폐지, 그리고 단결권을 요구하는 15달러를 위한 투쟁에 가담했다. 매키는 노조에 대한 양면적인 감정을 수차례 노출했고, 노조를 포진에 비유한 적도 있었다. "노조는 포진에 걸리는 것과 같다. 당신을 죽이지는 않지만 불쾌하고 불편하다."[42] 홀푸드와 스타벅스, 코스트코는 고용자 중심의 비밀투표 시스템을 유지하는 "제3의 길"을 제안하며, 노동자 자유선택법을 강력하게 반대했다. 이 법안에 반대하는 로비를 전개했던 매키는 카드체크[교섭 단위에 있는 다수의 노동자들이 노조에게 권한을 위임하는 위임장(카드)에 서명하는 방식으로, 미국 노동자들이 노조를 조직하기 위해 사용함]의 중립성은 "미국 민주주의의 근간이 되는 원칙에 위배된다"고 선언했다.[43] 노조가 조금이라도 활동을 하는 매장에서는 노조 "침투"의 위험성을 경고하는 "노조 의식 훈련" 모임에 노동자들이 강제로 참석해야 한다는 보고도 있다.[44] 마더존스[미국의 비영리 언론]는 2009년 조사를 통해 홀푸드 경영자들이 비공개 석상에서 노동자들에게 만일 노조에 찬성하는 투표를 할 경우에는 수당을 잃게 될 것이라고 협박했다고 밝히기도 했다. 이 조사에 따르면 회사 문서에 적힌 홀푸드의 2013년 6대 전략 목표 중 하나가 "노조가 100퍼센트 없는" 상태를 유지하는 것이었다.[45]

오늘날 홀푸드 노동자들이 직업 시장에서 누리고 있는 약간 더 좋은 급료와 수당, 노동조건이 희귀해 보일 수는 있지만, 미국에서 노조가 있는 많은 슈퍼마켓 체인들이 노동자들에게 나쁘지 않은 생계를 보장했던 10~20년 전만 해도 상황이 이렇지 않았음은 기억해 둘 만하다. 홀푸드의 모델이 월마트보다 낫긴 하지만 그렇다고 유토피아적인 상일 수는 없다. 민주적이지도 않은 데다가 결코 평등한 권력관계로 설정되어 있지도 않기 때문이다. 매키의 주장처럼 노동자들에게는 선택의 "메뉴"만이 주어진다. 이 메뉴를 결정하는 사람은 매키 자신과 홀푸드의 투자자들이다. 자본주의 사회에서 늘 그렇듯 이윤이 하락하거나 경쟁이 격화될 경우 노동자들은 다른 회사의 노동자들과 마찬가지로 회사의 손에 운명이 좌우될 것이다. 구성원들이 이를 마음에 들어 하지 않을 경우 이들에게는 다른 곳에서 일할 자유가 있다. 하지만 노동자에게 유일한 생존 수단이 임금뿐인 시스템에서, 다른 곳에서 일할 자유는 결코 대단한 자유라고 볼 수 없다.

환경 정의는 어떻게 가능한가?

깨어 있는 자본주의는 어떤 면에서는 매력적이지만, 이윤을 위한 생산이라는 시스템과 함께 대두된 환경 파괴와 사회문제에 대한 해법이 되지는 못한다. 자본주의에서 '강제적인 경쟁의 법칙'은 피할 수 없으며, 이는 깨어 있는 경영 철학은 단명할 수밖에 없음을 의미한다. 그보다 더 중요한 것은 이윤을 위한 시스템에서는 지속 가능한 생산이라 하더라도 지구의 자원을 소비하고 파괴한다는 점이다. 지속 가능 경영은 갈수록 경쟁이 격화되는 전 세계 환경에서 기업을 위해 전 지구적인 생산을 더욱 용이하게 하고 더 많은 이윤을 남길 수 있도록 하기 위해 설계되었다. 생태 경영 실천이 소비자의 비위를 맞추고 단위 수준에서 효율성과 폐기물 배출 실태를 개선시키긴 하겠지만, 시스템 전반의 차원에서 생산과 소비의 속도를 늦추지는 못한다. 오히려 갈수록 빠른 속도로 자원을 먹어 치우며 이런 과정의 속도를 높일 것이다.

윤리적 소비와 생활의 정치가 큰 인기를 누리고 있는 것은 사람들이 환경에 관심을 가지고 지구를 파괴하지 않고 싶어 한다는 것을 보여 주는 분명한 징표다. 하지만 기업은 인간의 생태 발자국을 줄이기 위한 급진적인 프로젝트를 추진할 수 없다. 기업은 민주적인 제도가 아니며, 자본주의의 요청에서 벗어나지 못한다. 소비자와 환경단체들이 기업에 환경 정의에 대한 욕망을 쏟아 넣을 경우 이들의 욕망은 성장과 확대를 위한 기업 전략에 흡수되고 말 것이다. 기업에 초점을 두는 것은 기업의 중심성을 합리화하고 이윤을 위한 생산구조 전체를 받아들이는 일일 뿐이다.

어떤 종류의 세상에서 살고 싶은지는 그 사회가 결정해야 하며, 이 결정은 민주적인 구조와 과정을 통해 이루어져야 한다. 더 나은 상품을 구매하는 것으로써 사회가 소비와 자원 사용량을 제한하는 것과 관련하여 내려야 하는 어려운 '정치적' 선택을 대체할 수는 없다. 이는 소비주의를 정당화하는 심리적 대용물일 뿐이다. 환경 파괴 앞에서 국가는 무력해 보이지만, 원래부터 국가가 약했던 것은 아니다. 이는 지금의 계급 균형을 반영하고 있을 뿐이다. 우리가 생태적 폐허에서 살고 싶지 않다면 민주적인 제도를 건설하여 자본의 필요가 아닌 인간의 필요를 중심으로 생산과 소비를 조직해야 한다.

1 John Mackey and Raj Sisodia, Liberating the Heroic Spirit of Business: Conscious Capitalism, Boston, MA.: Harvard Business Review Press, 2013. 이 책은 이 장에서 다루는 "깨어 있는 자본주의"의 주요 참고 자료다. 이 책은 매키의 1인칭 시점과 매키와 시소디어 공동의 목소리가 교차하는 방식으로 매키와 시소디어가 공동집필했다. 나의 관심은 매키가 전달하는 홀푸드에 대한 이야기이며, 이 책은 주로 홀푸드에 대한 것이고 매키가 개발한 깨어 있는 자본주의에 대한 앞선 논의를 기초로 삼고 있기 때문에 나는 이 장에서 매키만을 거론할 것이다. 하지만 독자 여러분들은 시소디어 역시 깨어 있는 자본주의에 대한 일반적인 관점을 공유하고 발전시켰음을 염두에 두기를 바란다.

2 www.wholefoodsmarket.com을 볼 것.

3 Mackey and Sisodia, Conscious Capitalism, p. 236.

4 가령 다음을 볼 것. Michael Strong, Be the Solution: How Entrepreneurs and Conscious Capitalists Can Solve All the World's Problem's, New York: Wiley, 2009.

5 Mackey and Sisodia, Conscious Capitalism, pp. 264-5, 230.

6 People and the Planet Report, Report 01/12, London: Royal Society Science Policy Centre, 2012.

7 "Use It and Lose It: The Outsize Effect of US Consumption on the Environment," Scientific American, September 14, 2012.

8 Mackey and Sisodia, Conscious Capitalism, p. 3.

9 같은 책, pp. 14, 27.

10 같은 책, pp. 16, 21. 패거리 자본주의를 강조하는 것은 매키만이 아니다. 다음을 참고할 것. www.againstcronycapitalism.org/.

11 같은 책, pp. 16, 18.

12 Charles. Fishman, "Whole Foods Is All Teams," Fast Company, April/May1996.

13 "'Trader Joe's Top Survey of Best Grocery Chains, Walmart Lands at Bottom of List," Huffington Post, July 23, 2013.

14 Gert Spaargaren and Arthur P.J. Mol, "Greening Global Consumption: Redefining Politics and Authority," Global Environmental Change 18, 2008, 350-9.

15   John Boli and George Thomas, "World Culture in the World Polity: A Century of International Non—Governmental Organization," American Sociological Review 62: 2, April 1997, 171–90.

16   Josée Johnston, "The Citizen—Consumer Hybrid: Ideological Tensions and the Case of Whole Foods Market," Theory and Society 37, 2007, 229–70; see also Josée Johnston, Andrew Biro, and Norah MacKendrick, "Lost in the Supermarket: The Corporate—Organic Foodscape and the Struggle for Food Democracy," Antipode 41: 3, 2009, 509–32.

17   Graham Hill, TED Talk, 2013; 엘리자베스 워런(Elizabeth Warren)과 아멜리아 워런 티아기(Amelia Warren Tyagi)는 미국 과소비의 진실성을 파헤치는 책을 저술했다. 다음을 볼 것. The Two—Income Trap: Why Middle—Class Parents Are Going Broke, New York: Basic Books, 2004.[국역본, 《맞벌이의 함정: 중산층 가정의 위기와 그 대책》, 2004, 필맥]

18   Mackey and Sisodia, Conscious Capitalism, p. 14.

19   같은 책, p.31.

20   Neil Smith, Uneven Development: Nature, Capital, and the Production of Space, Athens: University of Georgia Press, 2008, p. 69; see also Erik Swyngdeouw, "Impossible Sustainability and the Post—Political Condition," in David Gibbs and Rob Krueger, eds., The Sustainable Development Paradox: Urban Political Economy in the United States and Europe, New York: Guilford Press, 2007.

21   Mackey and Sisodia, Conscious Capitalism, pp. 151, 31.

22   같은 책, p.31.

23   Bernard E. Harcourt, The Illusion of Free Markets: Punishment and the Myth of Natural Order, Cambridge, MA: Harvard University Press, 2011.

24   Karl Polanyi, The Great Transformation: The Political and Economic Origins of Our Times, Boston: Beacon Press, 2001.

25   John Gertner, The Idea Factory: Bell Labs and the Great Age of American Innovation, New York: Penguin, 2013.

26 Ha-Joon Chang, "Breaking the Mould: An Institutionalist Political Economy Alternative to the Neoliberal Theory of the Market and the State," United Nations Research Institute for Social Development, Social Policy and Development Programme Paper No. 6, 2001.

27 Harcourt, The Illusion of Free Markets에 있는 감금 상태에 대한 논의를 참고할 것.

28 가령 다음을 볼 것. Ha-Joon Chang, Kicking Away the Ladder: Development Strategy in Historical Perspective, London: Anthem, 2003.

29 칼 마르크스는 당연하게 여겨지는 사회의 계급 구조에 대해 비슷한 주장을 남겼다. "자연은 한편에 있는 화폐나 상품의 소유자들을 생산하는 것이 아니라, 자신의 노동력 외에는 아무것도 가진 것이 없는 반대편의 사람들을 만들어 낸다. 이 관계에는 결코 자연적인 기초가 없으며, 이는 모든 역사적 시기에 공통된 사회적 토대도 아니다. 이는 분명 과거의 역사적 발전의 결과이자, 무수한 경제적 혁명의 산물이며, 오래된 사회적 생산형태들이 줄줄이 소멸한 결과다." Capital, 1:169, Smith, Uneven Development, p. 69에서 인용.

30 William S. Laufer, "Social Accountability and Corporate Greenwashing," Journal of Business Ethics 43, 2003.

31 Peter Dauvergne and Jane Lister, Eco-Business: A Big-Brand Takeover of Sustainability, Cambridge, Mass.: MIT Press, 2013.

32 People and the Planet Report, Report 01/12, London: Royal Society Science Policy Centre, 2012.

33 Dauvergne and Lister, Eco-Business, pp. 19-20. 기업의 입장에서는 환경단체와의 파트너십에서 얻는 이익도 있다. 클로록스는 그린웍스(Green Works) 제품 라인에 새겨진 시에라클럽의 로고 덕분에 천연 세제 시장의 40퍼센트를 점유하게 되었다.

34 David Harvey, The Enigma of Capital: and the Crises of Capitalism, New York: Oxford University Press, 2011, p. 43. [국역본, 《자본이라는 수수께끼》, 2012, 창비]

35 Mackey and Sisodia, Conscious Capitalism, p. 80.

36 "Whole Foods Market Reports First Quarter Results, Outlook for Fiscal Year 2014," www.wholefoodsmarket.com/sites/default/files/media/Global/Company%20Info/PDFs/WFM-2014-Q1-financial.pdf.

37 Stacy Mitchell, Big—Box Swindle: The True Cost of Mega—Retailers and the Fight for America's Independent Businesses, Boston: Beacon Press, 2007, quoted in Dauvergne and Lister, Eco—Business, p. 23.

38 Smith, Uneven Development, p. 71 (강조는 원저자).

39 Mackey and Sisodia, Conscious Capitalism, p. 165.

40 홀푸드 노동자들이 누리는 수당은 공급 사슬로 확대되지는 않는다. 2014년 6월 포브스 기사에 따르면 홀푸드는 하루 60센트의 기본 수당을 버는 수감자들이 생산한 장인 치즈와 틸라피아를 판매한다. Jennifer Alsever, "Prison Labor's New Frontier: Artisanal Foods," Fortune, June 2, 2014. 마이클 폴란(Michael Pollan) 같은 저자들에 의해 인기를 얻게 된 농민 시장과 지역 농산물, 어머니가 가족들을 위해 만든 슬로푸드에 대한 오늘날의 향수와 물신화 속에서도 미국 등지에서 농업 노동자들이 고통스럽게 감내하는 착취와 비가시성은 거론되지 않는다.

41 Stacy Mitchell, "New Data Show How Big Chains Free Ride on Taxpayers at the Expense of Responsible Small Businesses," ILSR.org, June 7, 2013.

42 Nick Paumgarten, "Food Fighter: Does Whole Foods' CEO Know What's Best for You?" New Yorker, January 4, 2010.

43 Alec MacGillis, "Executives Lay Out Compromise to 'Card Check' Labor Bill," Washington Post, March 22, 2009.

44 Sharon Smith, "Something Stinks at Whole Foods," Counterpunch, May 8, 2009.

45 Josh Harkinson, "Are Starbucks and Whole Foods Union Busters?" motherjones.com, April 6, 2009.

The New Prophets of Capital:

Oprah Winfrey

3장

오(O)의
신탁 ::

오프라와
신자유주의적
주체

John Mackey
Sheryl Sandberg
Oprah Winfrey
Bill Gates

마음을 열기만 하면 부와 성공을 이룰 수 있다

오프라 윈프리에 대해 항간에 떠도는 여러 이야기 중에서 반복적
으로 되풀이되는 특별한 이야기가 하나 있다. 오프라는 17살에
테네시 주 내슈빌에서 개최된 미스화재예방 콘테스트에서 우승
을 했다. 그 전까지만 해도 우승자는 모두 붉은 머리를 갈기처럼
늘어뜨린 여자들이었지만, 오프라는 자신이 게임의 판도를 바꾸
는 사람임을 입증했다. 커서 뭐가 되고 싶냐는 질문에 오프라는
이렇게 답했다. "저널리스트가 되고 싶어요. 다른 사람들의 삶과

세상에 변화를 일으킬 수 있는 방식으로 사람들의 이야기를 전달하고 싶어요."[1] 이 일화가 회자되는 이유는 두 가지다. 먼저 이 이야기를 통해 우리는 오프라가 처음으로 미디어 거물이자 누구나 아는 인물이 되는 경로에 들어선 시점을 상상할 수 있다(그녀는 이제 어디서나 접할 수 있기 때문에 우리는 그녀를 그냥 오프라라고 부른다). 또한 이 이야기는 오프라의 놀라움을 보여 준다. 가난한 흑인 여자아이가 미국의 남부에서 1971년에 백인 여자아이들을 위한 미인 대회에서 승리할 수 있었다는 것은 그녀의 위대함을 입증하는 증거와도 같다.

이 미인 대회는 오프라가 거둔 수많은 성공의 시작에 불과했다. 오프라는 수차례 에미상을 받았고 오스카상 후보에 올랐으며, 타임지가 선정한 가장 영향력 있는 100인 같은 목록에 꾸준히 오른다. 2013년에는 대통령 훈장을 받았고, 포브스가 선정한 미국에서 가장 영향력 있는 유명 인사라는 이름을 얻었다. 오프라는 미국인들의 독서에 대한 흥미를 되살린다는 인정을 종종 받곤 하는 오프라북클럽을 설립했고, 2011년에는 자신의 텔레비전 네트워크인 오프라윈프리네트워크(OWN)를 출범시켰다.

오프라의 관대함과 자선 정신은 전설적이다. 오프라윈프리쇼가 25시즌을 이어가는 동안 그녀는 스튜디오의 청중들에게 자동

차 같은 선물 공세를 펼쳤고, 게스트에게는 사치스러운 치장과 휴
가를 선사했으며, 헌신적인 직원들에게는 현금과 자동차, 보석으
로 보상했다. 그리고 허리케인 카트리나와 리타가 휩쓸고 지난 뒤
에는 수백 채의 가옥을 복원하고 12개국에 55개 학교를 건설하
는 엔젤네트워크 같은 자선사업을 시작했다.

오프라의 자선 활동은 미국을 넘어 아프리카로 뻗어 나간다.
2007년 오프라는 가난한 남아프리카공화국의 여자아이들을 위
한 일류 기숙학교 오프라윈프리리더십아카데미포걸스의 문을 열
었다. 오프라는 이곳의 여학생들에게 일류 교육을 제공하고 대학
등록금을 내준다. 또한 오프라윈프리재단을 통해 여러 비영리단
체에 수백만 달러를 기부하고 있다. 최근에는 에이즈결핵말라리
아퇴치세계기금에 돈을 모아 주기 위한 레드캠페인에서 보노와
한 팀을 꾸리기도 했다.

오프라는 자신에게 편지를 쓰고 공공 화장실까지 따라다니
는 열성 팬들을 거느리고 있다. 그녀는 이들의 사랑을 마음껏 누
린다. "나는 사람들이 나를 정말 정말 정말 사랑한다는 걸 알아
요." 그리고 이 사랑을 바로 되돌려준다. 이는 "더 높은 소명"의
일부다. 오프라는 자신이 사람들을 정신적으로 고양시키기 위해,
사람들이 "최고의 삶을 살 수 있도록" 돕기 위해 이 지구에 왔다

고 믿는다.

"나는 지구상에서 내가 어떤 목적을 가지고 살아야 하는지 아주 분명히 알고 있어요." 그녀는 이렇게 말했다. "내가 텔레비전에서 하는 일은 내가 신이라고 부르는 보편적인 목표와 더 큰 에너지를 위한 그릇이자 수단으로 나를 표현하는 하나의 방법일 뿐이에요."[2]

오프라의 이야기는 자기 자신을 사랑하고 신뢰하며 자신의 꿈을 좇으라고 사람들을 다독인다. 대통령조차 오프라에게서 영감을 받는다. 오바마는 오프라에게 명예 훈장을 수여하면서 "오프라가 가진 최고의 장점은 언제나 우리가 우리 안에서 최고의 것을 발견할 수 있게 도와주는 능력이었다"고 말했다.[3] 오프라의 성공과 카리스마는 불가능은 없다는 그녀의 핵심 메시지를 든든하게 받쳐 준다. 그녀의 이야기는 우리가 마음을 열기만 하면 부와 성공을 이룰 수 있다는 신념에 영감을 제공하는 실제 신데렐라 이야기다. 오프라는 "우리가 유토피아에 살지 못하게 방해하는 경계와 제한은 우리 마음이 만들어 내서 결국 현실의 일부가 된 것들"이라는 이야기를 우리에게 반복적으로 한다.[4]

저 바깥의 냉혹한 세상

오프라가 인기를 얻게 된 이유 중 하나는 갈수록 스트레스와 소외가 심해지는 사회에서 사람들에게 공감과 지지, 사랑의 메시지를 전파한다는 데 있다. 기업들이 정원 감축과 기술, 하청을 통해 일자리를 줄이고 노조와 복지국가를 해체시킴으로써 구조 조정을 진행했던 30년 동안 노동자들은 극도로 불안정한 처지에 놓이게 되었다. 오늘날 노동계급의 새로운 일자리는 주로 저임금 서비스직이며, 한때 온건한 화이트칼라 노동자들이 누렸던 비금전적 혜택들은 모두 사라졌다. 새 시대의 규범으로 자리 잡은 유연하고 프로젝트 지향적인 임시 노동은 기업이 최상위층 노동자를 제외한 모든 노동자들에 대한 요구 사항을 조금씩 상향 조정할 수 있게 해 주고 있다. 과거에는 고등학교만 졸업하면 얻을 수 있었던 일자리가 이제는 대학 졸업장을 요구한다. 그러는 동안 교육, 주거, 육아, 보건 비용이 하늘 높은 줄 모르고 치솟았고, 그로 인해 개인과 가정이 번창은 고사하고 그럭저럭 버티기도 훨씬 힘들어졌다.

상황은 암담하다. 대침체 기간 동안 사라진 일자리의 60퍼센트 이상이 양질의 중간 소득 일자리였다. 2012년에는 한번 실업자가 되면 평균 40주간 실업 상태였고, 요즘에는 채용 공고가 나면 경쟁률이 4대 1이 넘는다. 기업에서 채용 공고가 나면 수백 개의 이력서가 접수되고, 미국 남부에서 외국계 자동차회사가 공장을 세우면 수만 명이 지원한다. 가구의 3분의 1이 빚을 지고 있거나 자산이 전혀 없으며, 저축이 6개월치 소득에 못 미치는 가구가 4분의 3에 달한다. 세 명 중 한 명은 일자리를 잃으면 한 달 내에 모기지나 임대료를 내지 못할 것이라고 말한다.[5]

이미 오래전부터 가난한 노동자들은 꿈이 짓밟히는 데 익숙했지만, 중산층의 경우 최근의 위기로 막대한 감정적 타격을 입고 있다. 뉴욕타임스는 최근 미국 중산층들이 더 이상 세계에서 가장 부유하지 않다고 보도했다. 경제적 자조를 설파하고 다니는 수지 오먼(Suze Orman)마저도 옛 중산층들이 은퇴 이후에도 스스로를 부양할 능력을 충분히 갖추려면 "수입보다 적은 돈으로 생활하고" 최소한 70세까지 일해야 할 것이라고 말한다. 하지만 나이 든 노동자들, 특히 경기 침체 중에 일자리를 잃은 사람들은 다시 일자리를 구하거나 혹은 일자리를 유지하기가 어렵다. 심리학자들은 하늘에는 더 이상 올라갈 수 없는 한계가 있다고 말하면서도 동시에 휘황찬란한 성공에 대한 요구와 기대를 늘어놓는 사회에서 살아가는 요즘 사람들이 그 어느 때보다 가장 심한 스트레스 속에 살아가는 세대라고 말한다. 한편 실업자의 45퍼센트는 젊은이들이다. 자살은 대학생들의 두 번째 사망 이유이고, 남성 베이비부머들에게는 암과 심장 질환 다음으로 큰 이유다.

달콤한 인생을 찾아서

이런 스트레스와 불확실성의 환경에서 오프라는 우리가 스스로의 감정을 이해하고 어려움을 헤쳐 나가며 삶을 향상시킬 수 있도록 하기 위해 자신의 인생담을 들려준다. 오프라의 개인적인 여정과 미시시피 농촌의 작고 가난한 여자애에서 억만장자 선지자로의 변신은 역경을 극복하고 "달콤한 인생"을 찾아내기 위한 모델로 제시된다.[6]

오프라의 화려한 성공담은 호레이쇼 앨저(Horatio Alger) 신화에 비견되곤 한다. 오프라는 역경을 극복하고 교육 활동을 열성적으로 지원하는 유명인에게 주는 호레이쇼앨저 상을 받기도 했다. 얼핏 보면 오프라는 호레이쇼 앨저 신화를 구현한 사람처럼 보인다. 스타벅스는 오프라윈프리리더십재단을 위해 오프라차이

티를 판매하고, 수차례 아프리카를 방문했던 오프라는 후천면역결핍증 때문에 고아가 된 일군의 가난한 아이들에게 마음을 단단히 먹고 열심히 노력하면 이들도 언젠가 자신처럼 될 수 있다고 말했다. "나도 여러분과 다를 바 없이 성장했어요. 어릴 때는 수돗물도 전기도 안 나왔죠. 여러분은 교육을 통해 삶의 절망과 빈곤을 극복할 수 있어요. 내가 바로 살아 있는 증거랍니다."[7]

감수성이 예민한 하버드 졸업생이었던 호레이쇼 앨저는 19세기 말 뉴욕시에서 산업주의의 병폐에 진저리를 쳤다. 이에 그는 "정직과 검약, 자립과 근면, 경쾌한 휘파람과 솔직하고 남자다운 얼굴"만 있으면 아메리칸드림을 이룰 수 있었던 시절을 이상화하면서, 가난에서 벗어나 성공을 거머쥔 젊은 남자에 대한 감동적인 소설 100여 편을 남겼다. 하지만 19세기가 끝날 무렵 앨저의 이야기들은 악평에 시달리기 시작했다. 이유는 《누더기를 걸친 딕》 같은 제목 때문이 아니라, H. L. 멩켄(H. L. Menchen) 같은 비평가들이 앨저가 미국에서는 무엇이 성공을 가져오는가에 대해 환상을 품고 있다고 생각했기 때문이다. 앨저를 좋아하지 않았던 마크 트웨인(Mark Twain) 역시 다음과 같이 앨저를 패러디했다. 마크 트웨인은 경건하게 살았음에도 불구하고 "인간 니트로글리세린 로켓"이 되어 신체의 부분 부분이 네 개의 흑인 거주군에 걸쳐 내팽개쳐진 제이콥 블리벤스(Jacob Blivens)라는 이름의 "착한 소년"에 대한 이야기를 남기고 "남자애가 그런 식으로 여기저기 흩어지는 걸 본 적이 없었다"[8]고 말했다.

오프라의 이야기가 앨저 신화와 그 되살아난 인기에 종종 비교되긴 하지만, 사실 오프라의 이야기는 앨저의 이야기와 닮은 구석이 거의 없다. 앨저의 주인공들은 결코 갑부가 되지 않았다. 앨저의 용기 있는 주인공들에게 성공이란 중산층이 되어 안정된 직업을 갖는 것이었다. 또한 성공은 행운(부유한 소녀가 떨어지는 금고에 맞지 않게 구해 내는 것과 같은)과 부유하고 친절한 은인의 도움을 얻는 것에도 크게 좌우되었다.[9] 반대로 오프라는 자신이 인생에서 성공할 수 있었던 것은 자신이 하는 모든 일에서 "뛰어났고" 하느님과 영적 존재로부터 좋은 점을 끌어냈기 때문이라고 주장한다. 《시크릿》의 저자 론다 번(Rhonda Byrne)이 역경을 극복하기 위해 제시하는 치유책과 유사하게, 오프라는 자신이 수십억 달러의 돈을 벌 수 있었던 것은 자신이 끌어낸 것을 우주로 다시 되돌려 보내기 때문이라고 말한다.

요즘 나는 매사에 바른 일, 훌륭한 일을 하겠다는 나의 선택이 브랜드를 만들어 냈다는 점을 알게 되었습니다. ⋯ 아무도 알아주지 않는다 해도 올바른 일을 행하는 것은 항상 당신에게 올바른 결과를 가져다 줄 것입니다. 내가 당신에게 약속합니다. 근거가 뭐냐고요? 제3운동법 칙이 항상 작동하기 때문입니다. 모든 동작에는 거기에 상응하는 반작용이 따르기 때문입니다.[10]

오프라를 따라 하고 싶은 대단히 흥미로운 인물로 만들어 준 것은 바로 이 지점이다. 그녀의 이야기에서 성공은 운이 아니라 올바름과 노력에서 비롯된다. 따라서 누구든지 성공을 손에 넣을 수 있다.

오프라의 전기는 30년간 대중들의 시선을 받으며 심사숙고와 혹평을 견뎌 냈고, 이제는 수백만 명의 미국인들에게 친숙한 이야기가 되었다. 그녀는 일찍 여문 지성과 재치를 이용하여 학대와 가난의 고통을 제국을 건설하는 일로 승화시켰다. 19살의 나이에 텔레비전에 출연한 그녀는 10년 만에 자신의 쇼를 갖게 되었다. 1970년대 여성주의 운동은 가정과 사적 영역의 문을 열어젖혔고, 오프라의 쇼는 10년 뒤 그 속에 뛰어들어 미국인, 그중에서도 특히 여성들을 괴롭히는 사적인 문제들을 토론하는 공적 공간으로서 새 장을 열었다. 오프라는 텔레비전에서 한 번도 다뤄 본 적 없었던 주제들(이혼, 우울증, 알코올 중독, 아동 학대,

간통, 근친상간)을 허심탄회하게 공감하는 태도로 끌어냈다. 오프라윈프리쇼는 25시즌 동안 동시간대 최고의 시청률을 자랑하는 프로그램이었다.

몇십 년간 이루어진 쇼의 진화는 오프라가 살아온 삶 자체의 진화를 거울처럼 보여 준다. 초기에는 자기존중감을 기르고 자신을 사랑하는 방법을 배움으로써 게스트와 시청자들이 자신의 문제를 극복할 수 있도록 독려하는 "회복 모델"을 따랐다. 오프라 자신은 공감하는 경청자이자 동시에 피해자로서 치유 과정의 일부로 참여했다. 그녀는 자신의 "노예 근성"을 없애는 문제에 대해 이야기했고 생방송 중에 갑자기 약물 사용과 어린 시절 트라우마를 인정하면서 전 세계를 충격에 빠뜨리고 수백만 명이 그녀를 더욱 사랑하게 만들었다. 하지만 1990년대 초 오프라의 쇼를 모방한 쇼가 넘쳐 나고 "쓰레기 토크"에 대한 비판이 증가하면서 오프라는 쇼의 포맷을 바꿨다.

1994년 오프라는 "피해자화"와 부정성과는 작별하겠다고 선언했다. "'우리가 어딘가 고장 나 있다'에서 '그걸로 무엇을 할 수 있을까?'로 넘어갈 때가 되었다." 오프라는 이런 결심을 하게 된 것은 개인적인 진화 때문이라고 했다. "사람은 성장하고 변화해야 한다." 그러지 않으면 "말라비틀어지고" "영혼이 쪼그라들 것이다." 래리킹라이브에 출연한 오프라는 쇼의 메시지에 관심을 갖게 되었고 그래서 "사람들을 영적으로 고양시키는" 새로운 사명에 착수하기로 결심했다고 밝혔다. 병리학이라는 사적인 주제를 영성과 권력 부여라는 주제가 대신하게 된 것이다. 오프라에게 이것은 총체적인 전환이었다. "오늘날 나는 내가 접하거나 만나는 모든 사람에게 잘하려고 노력한다. 나는 내 인생을 활용하여 호의를 베풀고자 한다. 그렇다. 내게 엄청난 부를 가져다준 것은 바로 이것이다. 하지만 그보다 더 중요한 것은 이를 통해 내가 영적으로, 감정적으로 단단해졌다는 점이다."[11]

오프라에게 유명세를 안겨 준 영성과 자조의 스승 마리안 윌리엄슨(Marianne Williamson)과의 에피소드는 오프라의 쇼와 세계관의 변화를 잘 설명해 준다. 한번은 복지 문제 때문에 시련을 겪으면서 우울증을 앓고 있는 아이 엄마가 오프라쇼에 출연했다. 윌리엄슨은 이 게스트에게 "피해자 정서"에서 벗어나 "내 안에는 이 압박을 뚫어 낼 힘이 있다"는 생각을 받아들이라고 다독였다. 또한 신은 복지나 우울증보다 더 큰 힘을 지닌 존재임을 깨달아야 한다고도 조언했다. 다른 에피소드에는 실직한 지 얼마 되지 않은 클라리사(Clarissa)라는 젊은 싱글맘이 출연했다. 그녀는 오프라쇼를 보고 나서 해고되었다는 사실에 분노하기보다는 감사를 느껴야 한다는 것을 깨달았다고 말했다. 오프라에 따르면 "언제 해고를 당하든 '감사합니다'라고 말해야 한다." 왜냐하면 "그건 당신이 거기 있어서는 안 되는 사람이라는 걸 분명하게 의미하기 때문"이다. 실직한 클라리사는 분노보다 '감사'에 집중한 덕분에 자신의 진정한 소명을 찾을 수 있었고, 새로 얻은 자유를 이용하기 위해 학교로 돌아갔다. 오프라는 "인생에서 어떤 일이 벌어지든 간에 감사할 줄 알게 되었을 때 기회, 관계, 더 많은 돈이 흘러 들어 오게 된 것"이라고 말한다.[12]

윌리엄슨, 론다 번, 에크하르트 톨레(Eckhart Tolle), 존 그레이(John Gray), 수지 오먼, 디팩 초프라(Deepak Chopra), 사라 밴 브레스낙(Sara Ban Breathnach) 같은 자조계의 수많은 스승들이 15년 이상 같은 메시지를 가지고 오프라의 무대에 올랐다. 인생에서의 선택권은 당신에게 있다. 외부 조건이 당신의 생을 결정하지 못한다. 당신의 생은 당신이 결정한다. 당신의 생을 결정하는 힘은 당신 내부에, 당신의 머리 안에, 당신의 소망과 욕망 안에 있다. 생각이 곧 운명이다. 따라서 긍정적인 생각을 하면 긍정적인 일이 일어날 것이다.

오프라는 이 스승들의 메시지를 자신의 인생에 대입했고, 이를 통해 실패를 포함한 모든 일이 일어나는 데는 이유가 있음을 알게 되었다. "실패는 인생이 우리에게 우리가 잘못된 방향으로 가고 있음을, 뭔가 다른 일을 시도해 봐야 한다는 점을 알려 주는 방법일 뿐이다." 우리에게 나쁜 일이 일어난다면 그것은 우리가 건강하지 못한 생각과 행동을 통해 우리 스스로를 그런 방향으로 이끌고 갔기 때문이다. "당신이 하지 않은 일에 대해 불평해서는 안 된다. 갖고 있는 것을 사용하라. 최선을 다하지 않는 것은 죄악이다. 모든 사람은 위대해질 수 있는 능력이 있다. 위대함은 당신 자신과 타인들에 대한 봉사에 의해 결정되기 때문이다." 우리가 조용한 "속삭임"에 귀를 기울이고 우리의 "내적·도덕적·감정적 GPS"에 맞춰 미세하게 조정을 하면 성공의 비밀을 알아낼 수 있다.[13]

신자유주의와 '마음 치유'

저널리즘과 커뮤니케이션 교수인 재니스 펙(Janice Peck)은 오프라에 대해 수년간 연구했다. 그녀는 오프라 현상을 이해하기 위해서는 미국 남북전쟁 후의 대호황 시대를 풍미했던 사상, 특히 심리학과 종교학의 영역으로 되돌아가야 한다고 주장한다. 당시 '마음 치유', '신사상' 등으로 다양하게 불리며 인기를 누렸던 치료·종교 운동들은 심리학의 가르침을 발판으로 사회문제와 개인의 행동을 연결시켰고, 사회문제와 이에 대한 해법이 모두 개인에서 비롯된다고 바라보았다. 사회적 혼란의 시대에 이 운동들은 자신에게서 비롯되는 "개인적 및 사회적 행복"에 이르는 경로를 제시했다. 수행자들은 누구든 자신의 참되고 아름다운 내면의 자아를 해방시키고 "세계의 물질적인 조건"이 개인의 삶을 통제하지 못함을 깨닫기만 하면 자아실현과 성공에 도달할 수 있다고 주장했다. 새로운 대호황 시대인 신자유주의 시대에, 진화 중인 오프라의 사업은 이 대호황 시대의 마음 치유 운동과 대단히 유사하다는 것이 펙의 생각이다. 펙은 문제를 마치 질병처럼 드러내던 오프라가 문제를 정신 승리로 이겨 내는 방향으로 진화한 것은 1980년대에 시작된 신자유주의의 진화를 거울처럼 보여 준다고 주장한다.[14]

많은 학자들은 신자유주의를 1960년대와 1970년대의 경제적·정치적·사회적 혼란 이후 미국 사회에서 엘리트의 부와 계급 권력을 복원하기 위해 고안된 계급 프로젝트로 바라본다. 신자유주의적 재구조화에는 법과 관행의 재조직화라는 정치경제적 측면과, 사회문제들을 개인적인 곤란으로 탈바꿈시키는 이데올로기적 측면이 모두 뒤따랐다. 신자유주의에서 관심의 초점은 자기 자신이 되었다. 우리는 모두 시장에서 만나 각자의 운명을 정하고, 그 과정에서 사회를 만들어 가는 독립적이고 자율적인 행위자들이다. 자본주의 같은 구조적 힘이 불평등을 빚어내고 삶의 선택지를 제한한다는 것은 특히 젊은이들 내에서 대단찮게 생각되거나 도외시된다.

펙은 오프라의 활동이 개별 자아를 강조하는 신자유주의적 사고를 강화한다고 주장한다. "이 세상과 대적할 수 있다는 자아상을 퍼뜨리고 구현하는 [오프라의] 사업은, 사회적 불평등을 키우고 변화 가능성을 축소시키는 세상을 합리화하는 데 일조하는 이데올로기적 실천들의 조합"이다. 이런 이데올로기적 실천들의 조합을 무엇보다 잘 포착하고 있는 것은 오매거진이다. 이 잡지의 목적은 "여성들이 모든 경험과 도전을 최고의 자아를 육성하고 발견할 수 있는 기회로 받아들일 수 있도록 도움을 주는 것, 여성들에게 실제 목표는 자신의 진정한 모습에 좀 더 가까워지는 것이라는 확신을 주는 것, 자신의 삶을 품어 안는 것"이다.[15] 오매거진은 암묵적으로 그리고 때로는 명시적으로, 신자유주의적 자본주의의 광범위한 문제들을 밝히고 이런 문제를 완화 혹은 극복할 수 있는 적응 방안을 독자들에게 제시한다.

주 60시간 책상에 앉아서 일을 하다 보니 허리가 아프고 감정적으로 소진되고 스트레스를 받는다고? 당연히 그렇겠지. "사무직으로 앉아서 일하다가 죽는 것"은 실제로 일어나는 일이라는 연구 결과가 있다. 하루 종일 책상에 앉아 있는 사람은 비만이나 우울증에 걸릴 가능성과 알 수 없는 이유로 사망할 가능성이 더 높다. 하지만 당신은 오(O)의 승인을 받은 전략들을 가지고 이런 영향들을 둔화시키고 행복을 증진할 수 있다. "틀에 갇힌 사고에서 벗어난 사람"이 되기 위해 노력하라. 창의적인 사람이 더 건강하다. 사진과 포스터, "키치 피규어"를 가져와 작업 공간을 장식하라. "감정적으로 덜 지치고, 너덜너덜해진 기분이 줄어들 것이다." 매일 저녁 퇴근 전에 그날 있었던 세 가지 긍정적인 일을 적는 방식으로 "업무로 인한 스트레스와 육체적 통증을 줄이라."[16]

오늘날 많은 이들에게 직장 밖의 삶에서도 스트레스가 일상적이다. 명상 전문가이자 심리치유사인 타라 브라치(Tara Brach)는 이런 감정을 줄이려면 스트레스를 받는다고 느낄 때 "당신의 내부에서 무슨 일이 벌어지고 있는지 알아차리고, 그 경험에 '예스'라고 정신적으로 속삭여 주라"고 조언한다. "그 걱정에 '예스'라고, 그 긴장에 '예스'라고, 그 짜증에 '예스'라고 조용히 속삭이라.

예스라고 할 때마다 여러분은 그 경험이 펼쳐질 공간을 제공한다. 여러분의 감정이 그 논리적 결론을 따라 흘러가도록 놓아두면 그것이 해소되는 데 도움이 된다." 영적 지도자이자 베스트셀러 작가인 에크하르트 톨레의 말을 기억하라. "우리는 우리의 생각이 아니다. 우리는 인간으로 변장한, 생각에 대한 의식이다."[17]

2013년 12월, 오매거진은 전 호를 걱정과 근심이라는 주제에 할애해 "일생을 바칠 만한 가치가 있는, 걱정과 우려를 극복하는 문제"를 다루었다. 연령을 막론하고 근심의 수위가 갈수록 올라가고 있는 현실을 고려했을 때 적당한 주제라 할 수 있다. 이 호에서 독서치료사인 엘라 베르투(Ella Berthoud)와 수잔 엘더킨(Susan Elderkin)은 걱정이 있는 사람들에게 "약국으로의 여행"을 처방하는 대신 책 목록을 제시한다. 너무 가난해서 부모님의 집을 벗어나지 못하다 보니 밀실 공포를 느낀다고? 그럼 《초원의 집》을 읽어 보라. 직장에서 하고 있는 프로젝트가 끝나 가는데 아직 다른 일에 배치가 안 되서 스트레스를 받는다고? 그럼 《나무를 심은 사람》을 읽어 보라. 막 실직을 해서 집세를 내지 못할까 봐 걱정이 된다고? 그럼 《태엽 감는 새》를 읽어 보라. "우울해하는 대신 환상적인 해방의 여행을 떠남으로써 자신의 사고방식을 바꾸는 주인공 토루 오카다(Toru Okada)를 따르라."[18]

그래도 아직 걱정이 된다면 "당신은 직업 시장을 어떻게 할 수는 없지만 네트워킹을 통해 미래의 전망을 보강할 수 있음"을 기억하라. 그리고 여러분 자신을 더 성공한 다른 사람들과 비교하는 일을 멈추라. 실리콘밸리의 기업 임원이자 연설가인 닐로퍼 머천트(Nilofer Merchant)는 여러분에게 "여러분의 '고유성'을 이용해 보라"고 조언한다. "당신만의 강렬한 개성을 존중하라." 그리고 "비교병"에 말려들지 말라. 그러지 않으면 "진정한 가치를 잃게 될 것이다."[19]

오매거진의 카드 형식으로 된 "좋은 말들"을 냉장고에 붙여 놓고 영감이 술술 흘러나오게 해 보자. 가령 커트 보네거트(Kurt Vonnegut)의 이런 말은 어떤가. "쥐와 인간의 모든 말 중에서, 가장 슬픈 말은 '그렇게 했다면 좋았을 텐데'이다." 보네거트의 팬이 아니라고? 그럼 카드를 넘겨 보자. 뒷면에는 홀리 과카몰리 광고 문구가 당신에게 "과카몰리 먹고 활기찬 하루를 시작"하라고 말을 건다.[20]

오매거진의 광고들은 좋은 기분을 만드는 공식의 절반에 해당한다. 나머지 빈 부분은 영성과 대단히 좋은 물건들로 채워야 한다. 걱정에 대한 특별호에서 "생산적으로 걱정하는 법"을 다룬 9쪽짜리 특집 기사 뒤에는 부츠에 대한 10쪽짜리 내용과 메이크업에 대한 7쪽짜리 양면 광고가 실렸다. 오매거진은 오의 "머스트해브" 목록을 보여 주며 "최고의 삶을 살기 위해" 우리가 뭘 사야 하는지를 말해 준다. 비를 맞고 있다고? 그럼 약간 건방진 느낌의 168달러짜리 레인부츠를 사라. "나쁜 신발을 신으면 안 그래도 안 좋은 날씨가 더 우울하게 느껴지기" 때문이다. 매 호에는 "그것은 왜 그만한 가치가 있는가"라는 특별 섹션도 있다. 여기서는 250달러짜리 안느퐁텐 타임리스 버튼다운 셔츠 같은 물건을 왜 사야 하는지 설명한다. 5년이 지나면 한 번 입는 데 1달러밖에 안 든다! 오프라의 개인적인 여정은 여기서도 두각을 나타낸다. "나는 마침내 펑펑 쓸 정도로 많은 돈을 벌게 되었을 때를 기억한다. 나는 밖에 나가서 랄프로렌 타월을 한 무더기 샀다. 얼마나 감촉이 부드러웠는지 지금도 기억이 생생하다."[21]

영성과 자기실현, 그리고 물질은 불가분의 관계. 오매거진이 독자들에게 오프라가 인증한 제품들을 들이미는 페이지를 포함해서 걱정에 대한 특별호의 70퍼센트가 광고였다. 하지만 여기에 모순은 없다. 오프라의 말처럼 하느님은 풍요이시기 때문이다.

하느님은 (여러분이 그분을 뭐라고 규정하든 간에) 우리를 위하십니다. 자연의 힘은 우리에게 풍요의 삶을 선사함으로써 우리를 위합니다.

매일 매일과 매번의 호흡이 마법입니다. 우리가 있는 그대로의 모습을 보기 위해 그것을 볼 수 있기만 하다면 말입니다. … 나는 지금도 헛간 같은 별채 화장실에서 코를 싸쥐고 냄새를 견디며 자란 미시시피 출신의 작은 소녀가 이제는 전용기(내 비행기라니!)를 타고 아프리카에 가서 자신과 비슷한 환경에서 자란 소녀들을 돕고 있다는 생각에 어리둥절합니다. 주님의 은총, 이 얼마나 달콤한 말입니까![22]

오프라는 우리 사회에 근심과 소외가 만연하다는 점을 인정한다. 하지만 그녀는 이런 감정의 경제적 혹은 정치적 기초를 살펴보는 대신, 시선을 안으로 돌리고 자신을 개조하여 신자유주의 시대의 변화와 스트레스에 더 잘 적응하라고 우리에게 조언한다.

주부들만의 문제가 아니다

오프라의 파급력은 스피닝 수강과 헬리콥터맘 노릇, 감사 일기 쓰기로 하루하루를 보내고 렉사프로[항우울제의 일종]를 달고 사는 주부라는 악의적인 허상 너머로 뻗어 나간다. 사회학자인 헤더 레인 탤리(Heather Laine Talley)와 애리조나대학교의 젠더와 여성학과 학과장인 모니카 캐스퍼(Monica Casper)는 "미국인들은 '모두' 그 사실을 깨닫든 깨닫지 못하든 간에 오프라를 소비하고 있다"고 주장한다.[23]

"코튼 매터(Cotton Mather)[격렬한 논쟁가로 명망이 높은 16세기 미국의 목사이자 역사가], 노먼 빈센트 필(Norman Vincent Peale)[저술가이자 세계적으로 유명한 동기부여연설가]을 만나다"라는 제목의 졸업식 연설에서 오프라는 스탠퍼드, 듀크, 스펠만, 하워드, 하버드의 학생들에게 자신의 사례를 따르라고 권한다.

> 여러분이 원래 하도록 되어 있던 일을 할 때는 기분이 좋고 매일이 보너스와도 같습니다. 여러분이 어떤 보상을 받는지는 관계없어요. … 그래서 나는 여러분에게 이렇게 말하고 싶어요. 지름길에 대해서는 생각하지 말라고. 정말로 날고 싶으면, 열정의 힘을 이용하세요. 여러분의 소명을 존중하세요. 모두에게는 소명이 있습니다. 여러분의 심장을 믿으면 성공은 여러분에게 찾아올 겁니다.[24]

밀레니엄 세대들은 이 메시지를 이미 내면화하고 있다. 최근 연구에 따르면 젊은이들은 성인으로서의 삶은 "꾸준한 발전과 발견, 성장을 특징으로" "행복과 충족, 의미와 목적, 자기실현을 향한 여정이어야 한다"고 믿고 있는 것으로 나타났다.[25] 이 등식에서 정체성과 노동은 불가분의 관계인데, 이는 사람들이 직업에 따라 자신의 정체성을 설정하기 때문이 아니라, 갈수록 우리 삶의 많은 부분들이 노동과 네트워킹, 개인적인 브랜드 만들기에 소모되고 있기 때문이다. 우리는 수년을 들여 사회적 자본(연줄, 네트워크에 대한 접근)과 문화적 자본(기술과 교육)을 습득해야 원하는 직업을 찾을 수 있고 바라건대 보금자리를 마련할 수 있다.

"원하는 일을 하라"는 메시지는 결국 노동과 정체성이 한 덩어리로 융합되는 결과로 이어진다. 이 메시지는 당신에게 열정을 따르라고 충고한다. 당신이 불행하다면 그것은 당신이 열정을 따르지 않고 있기 때문이다. 당신이 하는 일이 너무 형편없게 느껴진다면 그건 잘못된 일을 하고 있는 것이다. 비디오 블로거이자 소셜미디어계의 권위자인 게리 바이너척(Gary Vaynerchuk)의 유명한 테드 강연은 더 충만한 삶에 시선이 꽂힌 이들에게 활력소와도 같다.

지금 이 방에는 자신이 싫어하는 일을 하고 있는 사람이 많아도 너무 많아요. 제발 당장 그만두세요. 2008년에는 당신이 싫어하는 일을

참고 해야 할 이유가 하나도 없어요! 없다고요. 내게 약속해 주세요. 이제 하지 않겠다고. … 거울을 보고 자신에게 물어보세요. '남은 인생 매일 무슨 일을 하고 싶니?' 그 일을 하세요! 난 여러분이 그 일로 돈을 벌 수 있다고 장담해요. … 그걸 위해 무엇이 필요하든, 일단 하세요. … 징징거리지 말고 계속 밀고 나가세요. '밀고 나간다'는 말보다 더 중요한 말은 없어요. 그리고 하고 싶은 일을 위해서는 밀고 나가는 게 필요하죠. 아주 열심히 해야 해요.[26]

메시지의 핵심은 당신이 선택을 제대로 해서 충분한 사회적·문화적 자본을 쌓기만 하면 (부단한 노력과 함께) 스스로 재생산되는 선순환을 통해 개인적인 성공과 직업상의 성공을 동시에 거머쥘 수 있다는 것이다. 또 다른 인터넷 성공담의 주인공 마리 폴레오(Marie Forleo)는 이 선순환을 몸으로 구현한 인물이다. 베스트셀러 작가이자 마리TV의 창립자인 폴레오는 러셀 시몬스[Russell Simmons, 러시커뮤니케이션스 대표], 리처드 브랜슨 경[Sir Richard Branson, 버진 그룹 회장], 마리안 윌리엄슨, 그리고 물론 오프라 같은 명사들과의 친분을 과시한다. 최근 포브스 인터뷰에서 폴레오는 "엄청난 성공은 다르게 생각하고 다른 삶을 살며, 항상 심장이 옳다고 느끼는 일을 할 수 있는 자신감을 갖는 데서 비롯된다"고 말했다.[27] 폴레오는 "당신이 사랑하는 삶과 기업을 창조"할 수 있게 도와준다고 약속하는 기업가 정신에 관한 8주짜리 온라인 강의(1999달러)를 판매한다. 폴레오의 경영학교 혹은 "B-스쿨(공식적으로는 부유하고 행복하며 '핫'한 B-스쿨)"은 학생들에게 스스로를 마케팅하고, 사회적 네트워크를 활용하며, 웹상에서 존재감을 구축하고, 개인적인 삶에서 행복해지는 법을 가르친다. 이 학교의 모토는 "원하는 것은 무엇이든 얻을 수 있다. 성공을 위해 재능이나 운은 필요 없다. 그냥 당신이 선택해야 한다"이다.[28]

물론 열정도 아무나 품을 수 있는 것은 아니다. 행복과 직업상의 성공은 오직 진지한 사람들을 위한 것이다. 당신은 일종의 진지한 "노동 제공형 주택 소유 제도[sweat equity, 오래된 건물을 공공 융자와 입주자의 노동력으로 재개발하여 일정 기간 저렴하게 임대한 뒤 최종적으로 소유권을 부여하는 제도]"에 기꺼이 끼어들어 경쟁을 할 준비가 되어 있어야 한다. 만일 여러분이 꼭대기에 올라서 경쟁 상대가 없을 경우에는 자신과 경쟁하라. 오프라의 말처럼 "처음에는 경쟁에 신경이 많이 쓰였지만, 이제는 나 스스로 경쟁을 만들어서 매년 목표를 올려 나 자신을 내가 아는 최대한까지 밀어붙이게 되었다."[29] 당신은 기꺼이 다른 모든 사람들보다 더 열심히 노력해야 한다. 오매거진에서 수지 오먼은 NPR[미국의 공영 라디오 방송국]에서 프리랜서로 일하면서 다른 두 개의 일을 더하는데도 생계를 유지하기 어려워하는 25살의 나디아(Nadia)에게 "들어오는 일이라면 뭐든지 기꺼이 할 준비가 되어" 있어야 한다고 말한다. "장담할 수 있는 것은 아무것도 없기" 때문이다.[30]

아무것도 장담할 수 없다는 말은 분명 맞다. 주위의 모든 사람들이 같은 일을 하려고 하는 상황에서는 상황을 주도하기 어려울 수 있다. 이윤 동기를 중심으로 조직된 사회에서는 '교육용' 무급 인턴 제도의 망망대해가 보여 주듯 일이 빠르게 꼬여 간다. 그나마 학비를 낼 능력이 있어서 대학을 다닐 경우 모든 대학생이 인턴 제도를 통해 연줄을 쌓고 기술을 습득하라고 등을 떠밀리고, 이들 간의 경쟁은 극심하다. 칼럼니스트 마들렌 슈워츠(Madeleine Schwartz)는 인턴들은 "유연하고" "에너지가 넘치고" "창의적"이어야 하며, 무엇보다 무료로 일할 수 있는 기회에 감사할 줄 알라는 부추김을 꾸준히 받는다고 지적한다.[31] 전미노동관계위원회는 인턴에 대한 광범위한 착취가 백일하에 드러나고 나서야 최근부터 이 문제에 개입하기 시작했다. 2011년 폭스서치라이트픽처스는 공정근로기준법 위반으로 고소되었고, 이후로 워너

뮤직그룹, 아틀랜틱뮤직 같은 회사들과 콩데나스트, 허스트 같은 출판사를 상대로 유사한 소송이 줄을 이었다. NBC유니버설은 2014년 10월에 인턴들이 집단적으로 소송을 제기하자 460만 달러를 들여 합의했다.

열정을 따라 자신이 좋아하는 일을 하다 보면 직업 안정성과 장기적인 고용을 포기하고 자기실현을 위해 항상 변화하고 항상 움직이는 길을 걸어야 할 수도 있다. 하지만 오늘날 직업 안정성은 워낙 보기가 드물다. 요즘 밀레니엄 세대는 한 회사에서 평균적으로 겨우 2.6년의 시간을 보낸다. 미국에 있는 일자리의 약 30퍼센트가 임시 노동이다. 일부 추정에 따르면 2020년까지 소득을 만들어 내는 40~50퍼센트의 일자리는 단기 계약직으로 조직될 것이다. 직업 수명이 50년 이상으로 연장되고 있으니 밀레니엄 세대의 절반 정도는 어른이 되고 나서 평생 동안 프리랜서로 살아갈 수도 있다.[32]

노동시장의 이런 극적인 변화에 대한 대응으로 프리랜서노조 같은 집단들이 등장했다. 2001년 사라 호로비츠(Sarah Horowitz)가 설립한 프리랜서노조(전신은 워킹투데이)는 약 25만에 달하는 프리랜서(작가, 사진가, 웹디자이너, 기타 곤궁한 처지의 창조 계급 동지들)를 대표한다. 호로비츠는 포브스 선정 30대 사회사업가, 그리고 뉴스위크 선정 가장 유망한 25인의 사회사업가 중 한 사람으로 꼽혔다. 프리랜서노조는 정해진 자격을 갖춘 회원들에게 건강보험과 연금을 제공하고, 프리랜서에 대한 세금을 낮추기 위한 투쟁을 성공적으로 이끌었으며, 프리랜서들을 돈 떼먹는 악질적인 고객들로부터 보호할 수 있는 법안을 도입했다.[33]

자기 적응과 감사, 서비스에 초점을 맞추고 있는 프리랜서노조의 전략은 오프라의 메시지와 많이 닮았다. 노조의 웹사이트에는 자신을 브랜드화하기 위한 조언들이 제시되어 있다. 예를 들면 이렇다. 좋아할 만한 구석을 만들라, 이야기를 들려주라, 사적인 톤을 유지하라, 기억할 만한 일을 만들라. 그리고 프리랜서들에게 사회적 자본을 쌓는 일을 그냥 네트워킹이 아니라 "사랑의 계좌"를 개설하는 일로 여기라고 촉구한다. 성공은 먼저 나서서 "내가 뭘 줄 수 있을까요?"라고 물어보는 데서 시작된다. 친절하게 지침도 제시한다. 고전하면서 일거리가 없을 때는 무엇을 해야 할까? 물론 네트워크다. 책상을 청소하라. "깨끗하고 정돈된 책상이 당신의 생산성에 얼마나 큰 영향을 미치는지 알게 되면 놀랄 것이다." 기술을 보강하라. "기술은 많으면 많을수록 좋다. 어쩌면 지금이 코드 작성법, 좀 더 효율적으로 마케팅하는 법, 아니면 포토샵 사용법을 배울 수 있는 기회인지도 모른다. 기술이 많을수록 당신을 마케팅하기가 더 쉬워진다." 당신의 사업 모델을 평가하라. "제값보다 싸게 청구한 적이 있었나?" 프리랜서로서 성장하고 싶은가? "당신 자신을 재발명하라", "당신의 서비스를 상품화하라", 그리고 "당신의 지위를 승격시키라." 프리랜서가 되는 건 싫지만 그냥 먹고살기 위해 하는 거라면 "완벽한 전일제 일자리를 찾아볼 것"을 고려해야 한다.[34]

프리랜서노조의 모델에서는 임시 노동은 자유와 자율성을 제공하는 바람직한 선택지가 된다. "프리랜서는 성공의 정의를 바꾸고 있다. 성공은 더 이상 삭막한 유리 빌딩의 고급 사무실이 아니다. 진정한 가치를 쌓고 함께 공유하는 것이다. 시간, 공동체, 웰빙에 투자하는 것이다." 이들은 "노동에 대한 조심스러운 접근법"은 "자아실현의 피라미드"와 같다고 생각한다. 피라미드의 맨 아래에는 스트레스에 짓눌려 악전고투하는 "자유롭지 못한" 프리랜서들이 있다. 그리고 그다음에는 상태는 좀 낫지만 그래도 여전히 라면(이나 신탁 기금)으로 끼니를 때우며 연명하는 "야단법석을 떠는" 프리랜서들이 있다. 위로 가면 "힘을 가진" 프리랜서와 "영향력 있는" 프리랜서를 지나 드디어 꼭대기에 다다른다. 여기에는 "360도 프리랜서"가 있다. 하지만 이 정점은 돈이나 지위, 박수갈채와는 무관하다. "이 자리는 되돌려주는 자리다."[35]

프리랜서노조는 공유 경제 개념의 근간을 이루는 "신상호주의"라고 하는 새로운 사회운동의 일부에 해당한다. 제러미 리프킨(Jeremy Rifkin)은 공유 경제를 차세대 대세로 여긴다. 그는 수억 명의 사람들이 이미 "정보와 오락, 녹색 에너지, 3D프린트로 찍어 낸 상품들을 제로에 가까운 마진 비용"으로 공유하며 이 궤도에 올랐다고 주장한다. 사람들은 이미 옷, 집, 가정용품 같은 사적인 것들을 점점 더 많이 공유하고 있다.[36] "유연하고" "다각화된" 프리랜서들은 전형적인 공유자들이다.

이들은 멘토 역할을 한다. 이들은 무엇을 얻을 수 있는지 물어보지도 않고 준다. 이들은 기회가 보이면 이를 낚아채기 위해 사람들을 모은다. 하지만 가장 중요한 점은 이들이 지금 이 순간 너머를 보고 있다는 점이다. 이들은 미래가 현재와 대단히 다른 모습일 것이라는 걸 알고 있다. 그리고 이에 대비하고 있다. 어쩌면 이들은 서로 마케팅을 도와주고 비용을 줄이기 위해 의기투합한 작은 그래픽디자이너 협동조합의 일원일 수도 있다. 아니면 이들은 건강한 생태계를 위해 다른 지역의 프리랜서들에게서 무언가를 구매하거나 이들과 함께 협력하기 위해 노력할 수도 있다. 지역의 식품 협동조합에서 식료품을 사고 수업을 듣고 수업에서 강의를 한다. 네트워킹 이벤트에 참여해서 명함을 돌리기만 하

는 것이 아니라 자신들의 열정을 공유할 다른 프리랜서들을 찾아낸다.[37]

　새로운 공유 경제에서 우리는 모두 프리랜서가 될 것이다. 에어비앤비에 남는 방을 빌려주고 리프트[승차 공유 서비스]를 위해 차를 몰 것이다. 우리는 "직업 포트폴리오"를 갖게 될 것이다. 우리는 "의도와 선택"에 따라 살아가며, "목적을 충족시키는" 즐거움을 예찬하고, "거대한 변화로 이어지는 작은 선택"을 하는 "본질주의적" 원칙에 입각해서 인생을 살게 될 것이다.[38]

　이는 모두 우리가 이 세상에서 성공하기 위해 우리 자신을 적응시키고 필요한 기술과 관계를 습득하는 일이다. 새로운 아메리칸드림인 것이다. 물론 사회에는 문제가 있지만 우리가 세상을 바꿀 필요는 없다. 우리는 우리 자신을 바꾸기만 하면 된다. 그러면 문제는 사라질 것이다.

아메리칸드림의 재고찰

유명한 사회학자 C. 라이트 밀스(C. Wright Mills)는 한때 이렇게 말했다. "우리가 아무리 사회에 의해 그리고 그 역사적 압력에 의해 형성되었다 해도, 우리의 삶 역시 대단히 미미하게, 쉬지 않고 이 사회의 형성과 역사의 경로에 기여한다." 전기(傳記)와 역사의 결합은 대단히 중요하다. 개인의 가능성을 이해하려면 우리는 이들의 개인적인 이야기와 환경 너머를 살펴보고 이들을 이들이 살고 있는 사회의 경제 및 정치 구조 속에 위치시킬 수 있어야 한다. 우리는 "모든 개인들이 자신이 처한 환경에서 어떤 기회를 갖고 있는지를 알아야만 인생에서 이들 앞에 놓인 기회를 이해할 수 있다."[39]

오프라가 매력적인 이유는 바로 그녀의 이야기가 정치·경제·사회적 구조의 역할을 가려 버리고 있기 때문이다. 오프라의 이야기들은 전기와 역사의 상호작용을 살피는 것이 아니라 그것을 제거하여 구조와 주체를 분간할 수 없게 만든다. 이 과정에서 오프라의 이야기들은 아메리칸드림이 성취 가능한 것처럼 보이게 만든다. 우리가 우리 자신을 교정할 수만 있으면 목표를 달성할 수 있다. 어떤 사람에게는 아메리칸드림이 성취 가능할 수 있지만, 모든 사람 앞에 어떤 기회가 놓여 있는지 이해하려면 성공을 결정하는 요인들을 냉정하게 살펴볼 필요가 있다.

오늘날 아메리칸드림 서사의 화신들은 당신이 충분한 문화적 자본(기술과 교육)과 사회적 자본(연줄과 네트워크에 대한 접근)을 손에 넣을 수만 있다면 이 자본을 경제적 자본(현금)과 행복으로 변환할 수 있다고 생각한다. 문화 자본과 사회 자본은 (특히 인터넷 기술의 발달과 함께) 거저 얻을 수 있는 것으로 인식되기 때문에, 여기에 용기와 결정, 굳은 의지같이 내면에서 발생한다고 추정하는 속성들만 추가하면 된다는 식이다.

프랑스의 유명한 사회학자 피에르 부르디외는 자본의 속성에 큰 관심을 가졌다. 그는 사회를 "축적된 역사"의 결과물인 사회관계로 이루어진 그물망으로 보았다. 따라서 사회를 구성하는 사회관계는 한번에 나타나거나 사라지지도, 무작위적이거나 동질적이지도 않다고 보았다. 그보다 사회적 관계들은 권력에 의해, 특히 자본의 축적에 의해 결정된다. 부르디외는 이렇게 주장했다.

자본축적은 사회의 게임(특히 경제적 게임)을 매 순간 기적의 가능성을 제시하는 단순한 기회의 게임과는 다른 어떤 것으로 만든다. 짧은 시간에 많은 돈을 따서 사람의 사회적 지위를 거의 한순간에 바꿀 가능성이 있고, 매번 새로 판을 돌릴 때마다 이전에 돈을 땄던 사람이 새로 돈을 내고 잃을 수 있는 룰렛은 완전경쟁 혹은 완전한 기회의 평등이라는 이런 상상 속의 우주, 관성도 축적도 선천적 속성도 후천적 속성도

없는, 매 순간이 이전 순간과 완전하게 독립되어 있고, 모든 상을 모든 사람이 순식간에 획득하여 매순간 모두가 다른 무언가로 변신할 수 있는 세상에 대한 정확한 이미지를 보여 준다.[40]

부르디외는 사회적 관계에 대한 이런 룰렛 이미지를 거부했다. 그는 사회경제적 배경이 서로 다른 사람들이 갖고 있는 불평등한 (경제적, 사회적, 문화적) 자본축적 능력은 이들의 삶의 기회를 심각하게 결정하고, 성공하는 사람도 있지만 실패하는 사람도 있을 수밖에 없게 만든다고 주장한다. 우리 사회는 경쟁적인 능력 중심 사회(완벽한 기회의 우주, 관성도 축적도 선천적 속성도 후천적 속성도 없는)라고 말하곤 하지만, 부르디외는 거의 매 순간 성공을 결정하는 것은 진취성과 투지가 아니라 사람들의 경제적·문화적·사회적 자본에 대한 접근이라고 강조한다.

사회 자본과 문화 자본은 경제적 자본과 마찬가지로 자본의 또 다른 형태들이다. 사회 자본과 문화 자본은 그 자체를 목적으로 여기고, 그러니까 재미나 품성 계발을 위해 습득할 수도 있다. 하지만 역사적인 목적은 언제나 재산을 지키고, 부를 손에 넣기 위한 경쟁에 힘을 보태며, 내부자(부유한 자)와 외부자(천민)를 가리는 데 이용되어 왔다. 아메리칸드림은 당신이 노력하면 경제적 기회는 저절로 찾아올 것이고 금전적 안정성도 뒤따른다는 가정에 입각해 있다. 하지만 부와 성공에 이르는 길을 찾아가거나 그 길로부터 멀어질 때 문화 자본과 사회 자본의 역할은 경제적 자본만큼이나 중요할 수 있다. 자신의 기술과 지식, 연줄을 경제적 기회와 금전적 안정성으로 변환시킬 수 있는 사람도 있지만, 그렇지 못한 사람도 있다. 갖고 있는 기술과 지식, 연줄이 별 볼일 없어서 그럴 수도 있고, 워낙 가난하다 보니 애초에 그런 것을 손에 넣지 못했기 때문일 수도 있다.

오늘날 오프라와 그녀의 이데올로기적 동료들의 암시적 혹은 명시적 메시지가 보여 주듯, 사회 자본과 문화 자본의 중요성은 (때로 의도적으로) 감춰져 있다. 이들의 이야기와 그와 유사한 다른 수많은 이야기에서는 문화 자본과 사회 자본은 습득이 쉬운 것처럼 나온다. 이런 이야기들은 우리에게 교육을 받으라고 한다. 너무 가난해서 안 된다고? 그러면 온라인 수업을 들으라. 칸아카데미[살만 칸(Salman Khan)이 제공하는 무료 인터넷 강의]에서 공부하면 된다. 사람들을 만나 네트워크를 만들라고 말한다. 연줄이 될 만한 가족이 없다고? 링크드인[비즈니스 네트워크 인맥 사이트]에 가입하라. 간단하다. 누구든 원하는 대로 될 수 있다. 다양한 사람들의 사회적·문화적 자본의 질과 생산성에는 아무런 차이가 없다. 우리는 모두 기술을 쌓을 수 있고 네트워크도 만들어 갈 수 있다. 모든 형태의 사회 자본과 문화 자본은 똑같이 경제적 자본(과 행복)으로 전환될 수 있고, 사회 자본과 문화 자본은 아무리 많은 사람들이 그걸 습득해도 각각의 가치를 유지할 것이다.

이건 다 헛소리다. 주류의 서사들이 말하듯 모든 혹은 대부분의 사회 자본과 문화 자본이 똑같이 가치 있고 접근 가능하다면 우리는 그 덕분에 부가 한 세대에서 그다음 세대로 대물림되면서 확장되는 것이 아니라 각 세대에서 새로운 사람들에 의해 새롭게 창출되고 지위의 상향 이동이 갈수록 증가하는 현상을 확인할 수 있어야 한다. 하지만 실제 자료를 들여다보면 이런 상향 이동은 일어나지 않는 것으로 나타난다.[41] 부유한 나라 13개 중에서 미국은 불평등이 가장 심하고 세대 간 소득 이동성이 가장 낮은 것으로 나타났다. 아무리 마음을 단단히 먹고 덤빈다 해도 세대가 바뀔 때마다 부를 새로 만들어 내지 못한다. 부는 관대한 세법과 사회 및 문화 자본의 성실한 이전을 통해 세습되고 보존되며 확대된다.

부자들의 사회 및 문화 자본은 중산층과 노동계급의 그것보다 훨씬 더 생산적이다. "1979년부터 2007년 사이 소득이 있는 사람 중에서 상위 1퍼센트는 세후 소득이 275퍼센트 증가했다. 중간에 속하는 60퍼센트는 세후 소득이 40퍼센트 증가했다." 대침체 이후 상위 1퍼센트는 소득의 95퍼센트를 거머쥐었다. 부자들은 자식이 뱃속에 있을 때부터 막대한 투자를 통해 스스로를 재생산함으로써 스스로를 차별화하고 부를 지킨다. 이들은 자신들의 사회적 연결망과 재산을 이용해서 법안을 작성하여 통과시키고, 기회의 문을 열어젖히며, 권력의 통로를 탐색하고, 자식들에게 엘리트 교육과 탄탄한 안전망을 제공한다. 인터넷과 사회적 네트워킹, 무일푼에서 거부로 성장한 이야기들도 이런 사실을 바꾸지는 못한다. 링크드인에서 잠재적인 고용주들을 졸졸 따라다니는 주립대학 졸업생과 최고경영자 삼촌을 두고 있는 하버드 졸업생이 같을 수는 없다. 경제학자 토마 피케티(Thomas Piketty)가 보여 주었듯 부자는 갈수록 더 부유해지고, 자본 수익과 경제성장의 관계가 지금처럼 유지될 경우 앞으로 이 현상은 훨씬 더 심화될 가능성이 높다.[42] 상황이 점점 나빠지고 있는 중산층은 부와 권력으로 통하는 문이 닫히기 전에 어떻게든 한쪽 발이라도 걸쳐 보려고 필사적으로 노력하고 있다. 하지만 많은 사람들이 똑같은 사회 및 문화 자본을 놓고 경쟁할수록, 이 사람들에게 필요한 사회 및 문화 자본의 양이 훨씬 더 커질 것이며, 그만큼 그 가치는 줄어들 것이다.

오프라 같은 사람들이 우리에게 늘어놓는 마음 치유 이야기들은 그게 아니라고 말한다. 우리가 원해서 노력하기만 하면 사회 및 문화 자본을 거머쥘 수 있다고 한다. 진짜 장애물은 우리 안에 있기 때문에, 우리는 내면에 집중하고 적에게 고마워하며 여기에 보답하고, 무엇보다 세상에 대해 다르게 생각하는 법을 배워야 한다. 그래야 우리를 기다리고 있는 기회를 포착할 수 있다. 하지만 최상위 부자들을 제외한 모든 사람들에게 불리한 시스템 안에서는 우리에게 남은 것이라곤 우리의 내면뿐일 때가 적지 않다.

하버드의 사회학자 제니퍼 실바(Jennifer Silva)는 노동계급의 청년층과 이들이 성년이 됐을 때의 경험을 연구한다. 오늘날 노동계급 청년들은 부모 세대가 성년의 상징이라고 생각했던 특징들과 단절되어 있다. 이들 대부분은 아메리칸드림에 꼭 필요한 전통적인 통과의례(집, 안정적인 직장, 가족)를 한번도 경험해 보지 못할 것이다. 그럼에도 불구하고 실바는 이들이 중산층 또래와 마찬가지로 마음 치유나 자아실현, 내면 강조 서사를 내면화하고 있음을 밝힌다. 이 서사는 이들이 산산이 부서진 꿈에 대한 마음을 다독이고 "자신의 삶의 불확실성과 유동성에 의미와 질서를 부여"하는 데 도움을 준다. 하지만 "이런 대안적이고 치유를 강조하는 성년 스토리는 결혼과 내 집 장만, 탄탄한 직장이 아니라 고통스러웠던 과거를 성토하고 독립적이고 완전한 자아를 재건함으로써 얻어진 자기실현으로 막을 내린다."[43]

바로 이런 관점에서 우리는 월가 점거 시위 같은 집회장에서의 분노 역시 이해할 수 있다. 이 시위는 아직 아무것도 이루지는 못했지만 꿈의 직장을 얻을 수 있다는 희망을 갖고 열정적으로 사회 및 문화 자본을 추구하고 있는, 하지만 그래 봤자 산더미 같은 학자금 대출과 바나나공화국에서의 [불안정한] 일자리밖에는 내세울 것이 없는 중산층의 젊은 20대들로 주로 구성되었다.[44] 경제적 발돋움의 기회는 무제한적이지도, 모두에게 열려 있지도 않다. 기회는 엄격하게 제한되어 있고 상대적으로 적은 이들에게, 주로는 부자들에게 열려 있으며, 부가 집중될수록 경제적 기회는 줄어든다.

이 모든 걸 이겨 내고 언젠가는 꿈을 실현할 수 있다는 이야기는, 언제나 우리가 살고 있는 세상을 바꾸기 위한 것이 아니라변화하는 세상에 우리를 적응시키기 위한 것이다. 우리는 시스템에, 힘 있는 사람들과 제도로 구성된 집합적인 기구에, 거의 혹은 아무것도 요구하지 않는다. 우리는 오직 스스로에게만 요구한다. 우리는 완벽한, 탈정치화된, 현실에 안주하는 신자유주의적 주체들이다.

하지만 반드시 그렇지는 않다. 소외를 줄이고 자율과 성공을 손에 넣기 위한 마음 치유와 내면 중심 전략들이 인기를 누리는 이유는, 우리가 자아실현을 방해하는 거대한 구조적 장애물 앞에서 의미와 창의성을 집단적으로 뿌리 깊이 갈망하고 있기 때문이다. 문화 비평가이자 정치 이론가인 프레드릭 제임슨(Fredric Jameson)이라면 오프라의 이야기와 그 유사품들이 "우리의 욕망을 관리"할 수 있는 것은 이런 이야기들이 어떻게 하면 보람 있는 삶을 살 수 있을까에 대한 우리의 뿌리 깊은 판타지에 호소하고 있기 때문이라고 말할 것이다. 무엇보다 이는 아메리칸드림 서사가 말하고자 하는 것이다. 아메리칸드림은 실제로 살았던 삶에 대한 기술이라기보다는 어떻게 삶을 살 것인가에 대한 하나의 비전이라 할 수 있다. 우리의 욕망을 관리하는 스토리들이 그 약속을 반복적으로 깰 때, 스토리 그 자체는 변화의 연료가 되어 급진적인 새 스토리가 생성될 수 있는 공간을 열게 될 것이다. 이렇게 생성되는 새로운 스토리들은 우리 사회에서 성공을 가로막는 진짜 이유가 무엇인지 비판적으로 바라보게 해 줄 것이다. 새로운 스토리들은 무엇보다 자아실현의 욕망을 진정으로 충족시키고 삶의 비전을 북돋는 집합적인 요구를 담아내야 할 것이다.[45]

1   Oprah Winfrey, Harvard commencement speech, May 30, 2013.

2   Janet Lowe, Oprah Winfrey Speaks: Insight from the World's Most Influential Voice, New York: Wiley, 1998; Oprah Winfrey interview with Moira Forbes, "A Conversation with Oprah winfrey," www.youtube.com, September 18, 2012.

3   "Remarks by the President at the Presidential Medal of Freedom Ceremony," Whitehose. gov, November 20, 2003.

4   Janice Peck, The Age of Oprah: Cultural Icon for the Neoliberal Era, Boulder, CO: Paradigm, 2008, p. 110.

5   Rapoport and Wheary, Where the Poor and the Middle Class Meet.

6   Oprah Winfrey, Spelman College commencement speech, April 19, 2012.

7   Heather Laine Talley and Monica J. Casper, "Oprah Goes to Africa: Philanthropic Consumption and Political (Dis)Engagement," in Trystan T. Cotten and Kimberly Springer, eds., Stories of Oprah: The Oprahfication of American Culture, Oxford: University of Mississippi Press, 2009.

8   Clifton Fadiman, "Party of One," Holiday, February 6, 1957, quoted in Richard Weiss, The American Myth of Success: From Horatio Alger to Norman Vincent Peale, New York: Basic Books, 1969; Mark Twain, The Story of the Good Little Boy, 1875.

9   Weiss, American Myth.

10 Winfrey, Spelman commencement speech.

11 Peck, Age of Oprah; Eva Illouz, Oprah Winfrey and the Glamour of Misery: An Essay on Popular Culture, Columbia University Press, 2003; O, The Oprah Magazine, "What I Know For Sure," May/June 2000.

12 Peck, Age of Oprah, pp. 130, 220; The Best of Oprah's What I Know for Sure, Supplement to O, The Oprah Magazine, Nov 2000.

13 The Best of Oprah's What I Know for Sure, Supplement to O, The Oprah Magazine, February 2001; Lowe, Oprah Winfrey Speaks, p. 167; Winfrey, Harvard commencement speech.

14   Peck, Age of Oprah, pp. 25, 32.

15   Peck, Age of Oprah, p. 217; O, The Oprah Magazine Facebook page, www.facebook.
com/oprahmagazine/info.

16   O, The Oprah Magazine, January 2014.

17   O, The Oprah Magazine, February 2014.

18   O, The Oprah Magazine, December 2013.

19   같은 자료.

20   O, The Oprah Magazine, January 2014.

21   O, The Oprah Magazine, December 2013.

22   O, The Oprah Magazine, January 2014.

23   Tally and Casper, "Oprah Goes to Africa."

24   Oprah Winfrey, Stanford University commencement speech, June 15, 2008.

25   Douglas Hartmann and Teresa Toguchi Swartz, "The New Adulthood? The Transition
to Adulthood from the Perspective of Transitioning Young Adults," in Constructing
Adulthood: Agency and Subjectivity in the Life Course. Advances in Life Course Re-
search, Vol. 10, edited by R. Macmillan, Oxford, 2007, quoted in Jennifer M. Silva,
"Constructing Adulthood in an Age of Uncertainty," American Sociological Review 77:
4, 2012, 508; see also Anthony Giddens, Modernity and Self−Identity: Self and Society
in the Late Modern Age, New York: Polity Press, 1991.

26   Gary Vaynerchuk, TED Talk, Web. 2.0 Expo, September 2008.

27   Dan Schwabel, "Marie Forleo: How She Grew Her Brand to Oprah Status," Forbes,
May 16, 2013.

28   www.marieforleo.com/

29   Oprah Winfrey, Harvard commencement speech.

30   O, The Oprah Magazine, March 2014.

31 Madeleine Schwartz, "Opportunity Costs: The True Price of Internships," Dissent, Winter 2013.

32 Mark Babbitt, "25 Jobs in a 50-Year Career: Is Gen Y Ready?" Savvy Intern, October 9, 2013.

33 www.freelancersunion.org

34 위 홈페이지; Freelancers Union, Instagram, February 18, 2014.

35 Freelancersunion.org.

36 Jeremy Rifkin, "The Rise of the Sharing Economy," Los Angeles Times, April 6, 2014.

37 Freelancersunion.org

38 같은 책. Atossa Araxia Abrahamian's piece on the Freelancers Union in Dissent, Winter 2012.도 볼 것.

39 C. Wright Mills, The Sociological Imagination, New York: Oxford University Press, 2000 [1959], p. 6.

40 Pierre Bourdieu, "The Forms of Capital," in J. Richardson, ed., Handbook of Theory and Research for the Sociology of Education, New York: Greenwood, 1986, pp. 241-58.

41 Miles Corak, "Income Inequality, Equality of Opportunity, and Intergenerational Mobility," Discussion Paper No. 7520, Bonn: Forschungsinstitut zur Zukunft der Arbeit, July 2013.

42 Thomas Picketty, Capital in the Twenty-First Century, Cambridge, MA: Belknap Press, 2014.

43 Jennifer Silva, "Becoming a Neoliberal Subject: Working-Class Selfhood in an Age of Uncertainty," 2011, blogs.sciences-po.fr; Silva, "Constructing Adulthood in an Age of Uncertainty."

44 Ruth Milkman, Stephanie Luce, and Penny Lewis, "Changing the Subject: A Bottom-up Account of Occupy Wall Street," Murphy Institute, City University of New York, 2013.

45 Fredric Jameson, "Reification and Utopia in Mass Culture," Social Text 1 (Winter 1979), 130 – 48. 다음을 볼 것. Kathi Weeks in The Problem with Work on the power of the demand.

The New
Prophets
Capital :
Bill
Gates

4장

시장의 오만 ::

게이츠재단과
박애
자본주의의
등장

시장의 비효율을 제거하라

"사려 깊고 헌신적인 작은 시민 집단이 세상을 바꿀 수 있다는 데는 의심의 여지가 없다. 사실 세상은 오직 이런 식으로만 바뀌어 왔다." 문화인류학자 마거릿 미드(Margaret Mead)가 이렇게 말했는지는 분명치 않지만, 멀린다 게이츠가 가장 좋아하는 이 인용문은 빌앤멀린다게이츠재단의 철학을 적절하게 요약하고 있다. 게이츠 부부는 분명 세상을 바꾸고 있다. 1997년 창립 이래로 게이츠재단은 말라리아와 폐렴 같은 질병에 대한 연구 및 치료 분야를 탈바꿈시켰고 미국에서 교육개혁 운동의 중심에 서 있다. 자선 활동을 널리 알리기 위한 최근의 노력과, 자신들의 재력을 지렛대 삼아 사회 변화를 도모하는 능력은 다른 억만장자들이 기부 서약에 이름을 적고 대부분의 재산을 자선 활동에 기부하도록 이끌고 있다.

지난 20년간 빌 게이츠의 이미지는 크게 바뀌었다. 2001년 팀 로빈스(Tim Robbins)가 영화 '안티트러스트[우리나라에서 '패스워드'라는 이름으로 개봉]'에서 묘사했던 무자비하고 탐욕스런 독점기업가 게이츠는 "선을 위한 전 세계적인 힘"을 가진, 진지하고 소탈한 빌로 대체되었다.[1] 재단의 또 다른 반쪽인 멀린다 게이츠는 더 조심성 있는 사마리아인이지만, 재단의 방향을 결정하는 데 있어서는 남편 못지않게 영향력이 있다. 포브스는 2014년 세계에서 가장 영향력 있는 여성 명단에 앙겔라 메르켈(Angela Merkel)과 재닛 옐런(Janet Yellen)에 이어 세 번째로 멀린다 게이츠를 올렸다.

게이츠재단은 "박애 자본주의"라고 하는 새로운 박애주의의 선봉에 서 있다. 록펠러, 카네기, 포드 등 전통적인 재단들과는 달리 박애 자본가들은 옛날식의 자선 활동을 신뢰하지 않는다. 이들의 야망은 더 크다. 박애 자본가들은 자신들을 갑부로 만들어 준 자본주의의 힘을 이용하여 전 지구적인 문제를 해결하고 자 한다. 빌 게이츠가 2007년 하버드대학교 졸업식 연설에서 밝혔듯 "우리가 기업가에게는 이익을, 정치인들에게는 표를 얻을 수 있게 해 주는 동시에 가난한 사람들의 필요를 충족시킬 수 있는 접근법을 찾아낼 수 있다면 이 세상의 불평등을 줄이는 지속 가능한 방법을 발견한 것이라고 볼 수 있을 것이다."[2] 박애 자본가들은 사회문제에 대한 해법 중에서도 이윤을 남길 수 있는 해법은 이윤을 남기지 못하는 해법보다 우수하다고 생각한다. 이윤을 남길 수 있는 해법은 민간 자본의 관심을 끌 수 있기 때문이다.

이런 새로운 자선 사업가들의 인기는 그들이 이윤에 몰두한다고 해서 결코 식지 않는다. 국가의 합리성이 점점 축소되고 사회적 갈등이 심화되고 있는 시대에 사람들과 국가들은 이에 대한 해법을 찾고 있으며, 자선 사업가들은 그 해법을 가지고 있는 것으로 비친다. 이코노미스트 뉴욕지부장인 매슈 비숍(Matthew Bishop)과 작가이자 경제학자인 마이클 그린(Michael Green)은 게이츠 같은 자선 사업가들을 "하이퍼에이전트"라고 부른다. 하이퍼에이전트란 유권자나 주주의 요구 혹은 모금 활동에 신경 쓸 필요가 없기 때문에 "필요한 일을 할 수 있는 능력이 다른 사람들보다 월등한" 행위자를 말한다. 이들은 마음껏 새롭게 사고하

면서 위험을 감수한다.[3]

이런 하이퍼에이전트들이 가진 슈퍼파워의 원천은 지난 30년 간 벌어들인 산더미 같은 돈이다. 1970년대 이후의 급격한 정치·경제·사회적 변화들이 금융 부문의 등장과 부유층에 대한 급격한 세금 감소, 기술 호황, 세계화로 이어지면서 게이츠가(家), 월턴가[월마트 설립자 가문], 브로드가[브로드재단 설립자 가문], 버핏가 같은 사람들에게 횡재수를 안겨 주었다. 하지만 이런 억만장자 중 몇몇이 인정하듯이 세상은 이익을 골고루 나눠 주지 않는다. 많은 나라에서 절대 빈곤과 유아 사망률이 줄어들고는 있지만, 아직도 10억 명 이상이 기아와 만성적인 굶주림에 시달리고 있다. 매년 100만 명 이상의 어린이들이 예방 가능한 질병으로 사망하고, 지구상의 3분의 1은 깨끗한 물과 화장실을 이용하지 못한다. 마이크로소프트 제국을 건설한 뒤 1990년대 말에 한숨 돌리며 주위를 둘러보던 빌 게이츠는 전 세계 빈민들의 처참한 운명을 보고 "충격"을 받고 "속이 뒤집어졌다." "수백만 명의 어린이들이 죽어 가고 있는데, 그들을 구할 수 있는 방법이 있다면 이 세상은 열 일을 제치고 약을 구해다가 그들에게 전달할 거라고 쉽게 생각했다. 하지만 그런 일은 일어나지 않았다."[4] 그 대신 그는 어떤 제도 안에서는, 자본주의 시장이 일부를 위해서는 건강과 번영을 창출하지만 다른 사람들을 위해서는 죽음과 질병을 양산한다는 사실을 알게 되었다.

게이츠 부부는 자포자기하는 대신 자신들이 가진 사업상의 안목과 혁신을 좋아하는 성향, 그리고 돈을 "제도 개혁"에 쏟아붓기로 결심했다.[5] 성공한 기업인으로서 게이츠 부부는 시장의 힘을 깊이 이해했고 빈민들의 문제는 주로 시장 비효율의 결과라고 여겼다. 이들은 자본주의 시장이 부를 창출하고 혁신의 원동력이 된다는 점에서는 위대하지만, 자연스럽게 평등을 유도하지는 못한다고 지적한다. 동시에 정부와 민간 부문은 자신들이 가진 자원을 적재적소에서 이용하여 시장 비효율이 야기한 문제를 자연스럽게 교정하지 못한다고 판단했다.

게이츠 부부는 시장 비효율을 개선하기 위해 시장 인센티브를 바꾸고 "경제적 신호"를 재조정하는 데 필요한 자원들을 마련하여 재단을 설립했다. 워런 버핏(Warren Buffett)의 연간 기부금 약 20억 달러에 게이츠 부부가 기부한 금액이 더해져 400억 달러가 넘는 기부금을 보유한 재단이 탄생했다. 자신들에 이어 두 번째로 큰 포드재단보다 액수가 세 배나 더 많다. 이렇게 많은 돈을 가진 덕에 게이츠재단은 "장래성은 있지만 정부와 기업이 감당할 수 없는 해법에 판돈을 걸" 수 있다.[6]

이런 판돈은 위험을 감수해야 하고 때로는 실패할 수도 있겠지만, 게이츠 부부는 자신들의 프로젝트는 항상 간단한 원리에 따른다고 말한다. 그것은 바로 모든 생명은 동일한 가치를 가진다는 것이다. 멀린다 게이츠의 말처럼 "우리는 모두가 동일하게 성장해서 건강한 삶을 살 기회를 갖는다고 생각하지 않지만, 앞으로는 그래야 한다고 생각한다. 우리는 우리 재단이 이 문제에 대해 뭔가 할 일이 있다고 생각한다."[7] 빌 게이츠는 하버드대학교 졸업반 학생들에게 이렇게 말했다. "인간의 가장 위대한 진보는 인간이 발견한 많은 것들에 있는 것이 아니라, 이런 발견을 응용하여 어떻게 불평등을 감소하느냐에 있다. 민주주의를 통해서든, 강력한 공교육이나 양질의 의료보험 서비스, 광범위한 경제적 기회를 이용해서든, 빈곤의 감소는 인간의 가장 위대한 업적이다."[8]

사상 초유의 빈부 격차가 심각한 사회문제로 대두되고 있는 오늘날의 세상에서 이런 얘기는 너무 요원해 보일 수도 있다. 하지만 게이츠 부부는 낙관론자다. 이들은 2014년에 작성한 연례 서신에서 "어떤 기준으로 봐도 지금의 세상은 그 어느 때보다 낫다"고 말하고 있다.[9] 이들은 사람들이 사회문제를 해결해야 할 필요를 인식하기 시작했고 역사상 처음으로 우리에게 지속적인 사회 변화를 만들어 낼 수 있는 도구(바이오테크, 컴퓨터, 인터넷)

가 갖춰졌다고 믿는다.

비정부기구, 재단, 시민사회의 역할

\

비정부기구는 19세기 이후 미국인들의 시민 생활에서 중요한 일부였다. 비정부기구의 수는 유동적이긴 하지만, 제2차 세계대전 후부터 미국을 포함한 많은 나라에서 그 수가 엄청나게 증가했다. 1990년대에는 인터넷 기술이 보급되면서 비정부기구의 국제적인 존재감이 생겼고 이들의 권력과 영향력이 공고해지는 데도 도움이 되었다.

국제적인 비정부기구의 중요성이 날로 커지고 있는 것은 1970년대와 1980년대의 부채 위기 때 브레턴우즈 체제가 붕괴한 결과로 나타난 경제적·정치적 변화와 밀접하게 관련되어 있다. 농촌 사회학자 필 맥마이클(Phil McMichael)의 주장처럼 1980년대에의 (가난한 나라들이 경제적 자급과 정치적 주권을 위해 국가 발전 전략을 이행하던) "발전 프로젝트"가 (국가가 자신들의 무역 장벽을 낮추고 자원과 서비스를 사유화하며 전 세계 가치 사슬에 끼어들도록 독려하는 이데올로기적 전환인) "세계화 프로젝트"로 대체되었다.[10] 이런 환경에서 국민국가들은 정당성을 상실했다. 부채 위기가 진행되는 동안 구조 조정 프로그램들은 개도국을 압박하여 보건과 교육, 식품에 대한 보조금 지출을 크게 삭감하도록 강요했다. 이로 인해 발생한 인류의 위기를 개선하기 위해 국제적인 통치 기구들(유엔, 국제통화기금, 세계은행)은 가난한 나라들이 자국의 복지 대책을 그 지역의 제도들보다 더 효율적이고 지식이 풍부한 것으로 간주된 서구의 국제 비정부기구들로 넘기도록 독려했다. 오늘날 비정부기구들은 전 세계 통치 네트워크의 중요한 일부다. 이들은 원조 활동과 연구를 수행하고 정책 보고서를 작성하며 전문가 역할과 개발 보조를 위한 전달자 역할을 한다.

국제 비정부기구들이 이런 업무를 수행할 수 있는 것은 대부분이 엄청나게 많은 재력을 보유하고 있기 때문이다. 가령 앰네스티국제본부의 1년 예산(2012년 2억 9500만 달러)은 유엔인권위원회(2012/13년 1억 7700만 달러)보다 더 많다.[11] 국경없는의사회와 옥스팜 같은 거대한 국제 비정부기구들은 세계의 빈곤 타파, 인도주의적 원조 제공 같은 많은 활동에 공적 자금을 지원받는다. 하지만 대부분의 비정부기구들은 그들에게 공감하는 개인들과 대형 자선 재단의 돈에 의지하여 자금을 마련한다.

역사적으로 재단들도 자본주의에서 비정부기구처럼 중요한 역할을 해 왔다. 비숍과 그린은 우리가 실제로 자선 활동의 다섯 번째 황금기를 맞았다고 생각한다.

중세 유럽에서 현대적인 자본주의가 탄생한 이래로 부유한 기업가들은 종종 자신들의 자선 활동 효과를 높이기 위해 자본주의의 혁신을 채택하면서 꾸준히 당대의 거대한 사회문제를 해결하는 데 주도적인 역할을 해왔다. 실제로 더 깊이 들어가 보면, 부를 창출하는 황금시대가 기부의 황금시대를 낳는다는 것은 자본주의의 특징처럼 보이기도 한다.[12]

부가 엄청나게 팽창하는 동안 불평등이 급증하면서 나타나게 된 자선 활동의 호황은 자본주의가 가진 최악의 문제 중 일부를 개선함으로써 자본주의를 위한 일종의 배출 밸브 역할을 한다. 록펠러, 카네기, 포드 등 한 시대를 풍미했던 재단계의 거물들에 정통한 정치학자 조안 로엘로프스(Joan Roelofs)에 따르면 20세기 초의 거물들은 "체계적인 방식으로 자신들의 은혜를 조금씩 나눠 주려고" 노력했다. 또한 사회 운동과 정책 결정의 배후에서 힘을 써서 "당시만 해도 반자본주의적인 성향이 강했던 여론과 사회 진보에 대해 어떻게든 영향력을 미치고 싶어 했다." 1909년에 설립된 흑인지위향상협회는 로젠월드, 피보디, 록펠러를 비롯한 무수한 재단으로부터 후원금을 받았고, 1920년대 미국 흑인들에게 공산당의 호소력이 커지는 것을 적정한 선에서 자제시키는 중요한 균형추 역할을 했다. 1930년대의 뉴딜법안은 록펠러의 조직인 사회과학연구회가 작성했다. 린든 존슨(Lyndon Johnson)의 "위대한 사회" 프로그램은 포드재단의 "회색지대" 실험(도시의 소요와 정치적 조직화를 억제하기 위해 고안된 도시 재생 프로그램)에서 발전된 것이었다.[13]

오늘날의 이야기도 이와 별반 다르지 않다. 폭증하는 불평등의 결과들은 특히 슈퍼엘리트들에게는 갈수록 큰 관심사다. 이들은 성장과 혁신의 측면에서 불평등이 경제에 정치적으로 미칠 영향과 불평등의 정치적 결과들(특히 능력 중심주의를 신봉하는 중산층과 중상류층의 입장에서는 재분배에 대한 요구와 사회적 소요)을 우려한다. 자선 활동과 공공과 민간의 협력 관계는 이런 위험을 관리하고 사회문제를 해결하는 방편으로 다시 각광받고 있다.

창의적 자본주의라는 해법

＼

힘들게 수십억 달러를 벌어 놓고 어째서 이를 다시 기부하는지는 쉽게 납득하기 어렵다. 시민의식의 발로라거나 세금 혜택 때문이라고 말하는 사람도 있을 것이다. 좀 더 이데올로기적인 접근법을 취하는 사람이라면 부자들은 자신이 번 돈으로 무엇을 할지를 국가에 일임하느니 차라리 직접 결정하고 싶어 한다고 주장할 수도 있을 것이다. 빌 게이츠가 어째서 돈을 기부하기로 결심했는지 그 정확한 속내는 아무도 알 수 없다. 데이비드 뱅크(David Bank)는 게이츠가 1998년 이전에는 자선 활동에 몇억 달러 정도를 기부했지만, 연방정부가 마이크로소프트를 상대로 반트러스트 소송을 진행하던 1999년과 2000년에 기부금이 경이적으로 늘어난 것을 지적하면서 게이츠의 기부금을 "반트러스트 배당금"이라고 일컫는다. 1998년 10월과 2000년 1월 사이 게이츠는 200억 달러가 넘는 돈을 재단에 털어 넣었다. 게이츠는 당시 인터뷰에서 "반트러스트 문제가 해결될 수만 있다면 재산을 기꺼이 포기할 것"이라고 말했다.[14] 게이츠는 자신은 언제나 마이크로소프트를 은퇴한 뒤에 돈을 기부할 계획이었지만, 꾸준히 기부를 재촉하시던 어머니가 1994년 오랜 유방암 투병 끝에 돌아가시고 난 뒤 기부 목표에 속도를 올리게 되었다고 말한다.

동기가 무엇이었든 간에 빌과 멀린다는 돈을 어디에 쓸지 결정할 때가 되자 직관을 따랐다. 1990년대 아프리카 곳곳을 여행했던 게이츠 부부는 가난한 사람들, 특히 어린이들이 처한 운명에 크게 충격을 받았다. 또한 미국 학생들이 다른 나라의 동급생들에 뒤처진 듯 보인다는 점과 특히 가난한 유색인종 학생들이 신기술사회에서 성공하는 데 필요한 기술을 습득하지 못하고 있다는 사실에 크게 마음이 쓰였다. 이들은 어째서 오늘날과 같은 전 세계적인 풍요의 시대에 어린이들이 죽어 가거나 잠재력을 실현하지 못하고 있는지 고민하기 시작했다.

빌과 멀린다 게이츠가 보기에 문제의 답은 자본주의 시장의 비효율성에 있었다. "자본주의 시스템 안에서 사람들은 부가 증가할수록 돈을 벌려는 금전적 인센티브가 많아진다. 반대로 부가 줄어들면 돈을 벌려는 금전적 인센티브가 제로까지 떨어진다." 게이츠는 2008년 세계경제포럼에서 이렇게 말했다. "어째서 사람들의 필요와 사람들이 실제 누리는 혜택은 반비례할까? 그것은 시장 인센티브 때문이다."[15] 가난한 사람들은 부자보다 필요한 게 더 많지만 이들의 필요를 충족시키기 위한 인센티브는 전무하다. 필요는 지불 능력과 무관하기 때문이다. 따라서 게이츠 부부는 가난한 아이들이 질병과 영양실조로 죽어 가거나 학업 성적이 부진한 이유는 자본주의 시장이 이들을 제대로 보살피지 못하기 때문이라고 주장한다.

게이츠 부부는 문제를 규명하는 데서 멈추지 않는다. 이들에게는 창의적인 자본주의라는 해법이 있다. 기업과 비정부기구, 재단, 국민국가와 유엔 같은 통치 조직들이 협력하여 "더 많은 사람들이 이익을 남기거나 인정을 받을 수 있도록 시장의 힘이 미치는 범위를 확대하고 세상의 불평등을 완화하기 위해 노력할 필요가 있다"는 것이 이들의 생각이다. 빌은 이렇게 주장한다.

저는 인간 본성은 자기 이익을 추구하려는 힘과 다른 사람들을 돌보려는 힘이라는 두 가지 거대한 힘으로 구성되어 있다고 생각합니다. 자본주의는 유용하고 지속 가능한 방식으로 자기 이익을 이용하지만, 여기에 돈을 지불할 능력이 있는 사람들만을 위합니다. 정부 원조와 자선 활동은 우리의 돌봄이 지불 능력이 없는 사람들을 향하게 합니다. 하지만 가난한 사람들의 처지가 빠르게 향상되려면 지금보다 훨씬 나은 방식으로 혁신가와 기업가들을 끌어들일 수 있는 시스템이 필요합니다.[16]

게이츠재단은 경제적 필요를 경제적 수요로 전환시키기 위해 자신들의 권력을 이용하여 이 더 나은 시스템을 창출하는 길을 선도하고자 한다. 이런 전환을 촉진하기 위해 재단은 매년 네 가지 프로그램 영역에 수십억 달러의 돈을 쏟아붓는다. 네 가지 영역은 세계 건강, 세계 발전, 미국 프로그램, 세계 정책과 지원이다. 이 네 영역 안에는 27개의 구체적 프로젝트들이 있는데, 이 프로젝트들은 국가 행위자와 기업, 비정부기구, 다른 재단을 엮는 거대한 국제적인 네트워크를 통해 실행된다. 백신과 교육에 대한 게이츠재단의 프로젝트들은 창의적인 자본주의가 어떤 식으로 작동하는지를 보여 준다.

질병 근절을 위한 백신 개발에 빠지다

게이츠재단은 백신에 단단히 빠져 있다. 얼마나 단단히 빠졌는지 사람들은 칵테일파티에서 게이츠가 자신을 결핵에 대한 섬뜩한 대화에 끌어들일까 봐 그를 슬슬 피할 정도다.[17] 많은 저소득 국가에서 말라리아, 로타바이러스, 폐렴 같은 질병들은 아직도 치명적이다. 과거에는 미국에서도 이런 질병들이 무시무시했다. 하지만 웅덩이 배수, 살충제 살포, 대대적인 위생 시설 프로젝트를 통해 깨끗한 물을 공급하고 하수를 안전하게 처리한 결과 부유한 나라에서 이런 질병들은 완전히 사라졌다.

게이츠재단은 가난한 나라에서 질병을 근절하기 위한 더 빠르고 용이한 방법을 찾고 있다. 게이츠 부부는 깨끗한 물과 위생 시설, 영양가 있는 음식을 제공하는 과정에서 거대한 장애물들에 걸려 실수를 하느니 바이오 기술과 물류의 발달을 이용하여 이런 질병에 대한 백신을 개발하는 것이 더 낫다고 주장한다. 하지만 부유한 나라에 집중된 제약 산업계는 이런 백신을 개발하지 않았고, 지금도 별다른 관심이 없다. 빌 게이츠가 빈정거리며 지적한 대로 이들은 말라리아 치료보다는 대머리 치료에 더 관심이 많다. 왜냐고? 멀린다 게이츠의 주장에 따르면 설사나 폐렴 백신 같은 상품은 "부유한 나라를 시장으로" 삼지 못하기 때문이다. 따라서 이들은 게이츠재단을 이용하여 가난한 나라에 그런 시장을 만드는 것을 해법으로 제시한다.

우리가 공사(公私) 협력 관계를 통해 제약회사들이 … 백신을 만들어 내도록 자극할 수만 있다면. 우리가 이들에게 개도국에서 이 백신을 받을 수백만 명의 어린이들로 구성된 시장을 보장해 주고 이것으로 돈

을 벌 수 있다는 확신을 심어 줄 수만 있다면, 우리가 시장에 의지할 수 있고, 그곳에 수요가 있기만 하면, 적당한 연구 자금으로 이들을 유도하여 실제로 이런 백신을 만들게 할 수 있을 것이다.[18]

그렇다면 이런 계획은 어떤 식으로 작동할까? 먼저 재단이 백신 개발 연구에 자금을 지원한다. 그러면 이 돈은 말라리아백신이니셔티브와 항기생충제를 다루는 원월드헬스 같은 단체를 운영하는 시애틀에 있는 PATH 같은 조직으로 흘러들어간다. 그러고 난 뒤 재단은 개도국에서 시장 형성을 이끌어내기 위한 경제적 신호를 바꾸기 위해 노력한다. 이를 위해 이 돈을 지렛대 삼아 정부에 빈민들을 위한 백신을 구매하라는 압력을 행사하고, 이로써 시장을 확보한다. 이들의 재력은 일이 잘 굴러가도록 바퀴에 기름칠을 하고 정부와 기업들에게 협력에 대한 확신을 심어 준다(버핏이 후원금을 내기 전에도 게이츠재단은 이미 세계보건 기구보다 보건 예산이 더 많았다). 제도적 지원과 물류상의 지원을 위해 록펠러재단과 데이비드앤루실패커드재단 같은 작은 재단의 힘도 빌린다. 또한 백신과예방접종을위한세계동맹을 통해 수백만 명의 개도국 어린이들에게 소아마비를 비롯한 여러 질병의 예방접종도 해 왔다.

전 세계 보건 증진을 위한 운동은 안착할 때까지 많은 시간과 노력이 필요했지만, 게이츠 부부는 자신들이 성취한 결과에 만족한다. 1980년대에 상실의 10년[오일쇼크 이후 개도국이 경제 침체를 겪었던 10년을 말함]을 거쳤음에도 불구하고, 1970년대 이후 세계 영아 사망률은 느리긴 하지만 꾸준히 감소했다. 하지만 지난 10년간의 감소세는 훨씬 분명해졌다. 5세 이하 영아의 총 사망 건수는 1990년 1260만 건에서 2012년 660만 건으로 하락했다. 2005년부터 2012년 사이의 연간 감소율은 1990년부터 1995년 사이의 감소율보다 세 배 더 빨랐다. 게이츠 부부는 이렇게 감소세에 가속이 붙은 것은 재단의 노력 덕분이라고 치하한다.

미국의 붕괴된 학교 시스템을 개혁하라

교육 문제는 질병으로 인한 영아 사망 문제만큼 끔찍하진 않을 수 있지만, 게이츠 부부에게는 대단히 중요한 문제 중 하나다. 이들은 둘 다 공립학교를 다니지 않았지만, 미국의 학교 시스템이 붕괴했다며 열변을 토한다. 빌은 미국 학생들의 고등학교와 대학교 졸업 통계를 살펴보고 "상황이 너무 나빠서 할 말을 잃다시피 했다"고 말한다.[19] 미국교육통계센터에 따르면 2010/11학년에 학교를 제때 졸업한 고등학생은 79퍼센트에 불과했다. 영어를 제2언어로 사용하는 소수 인종 저소득층과 장애 학생들은 그에 훨씬 못 미쳤다. 그리고 지난 30년간 고졸자와 대졸자 간의 격차가 갈수록 벌어졌다. 고졸자와 대졸자 간의 소득 격차가 두 배로 늘어났고, 고졸 이하의 경우 성인이 된 이후 1년 중간 소득이 2만 3000달러 정도로 예상된다.[20]

미국 공교육의 실패를 개탄하는 이들은 게이츠 부부뿐만이 아니다. 토마스 프리드먼(Thomas Friedman)은 미국 공교육 시스템이 "이제는 평평한 세상에 맞지 않는 구식"이고, "텔레비전과 비디오, 그리고 온라인 게임에 대한 우리의 사랑" 때문에 다른 나라(중국과 인도)가 "1등을 넘보고 있는" 현실에 무심해졌으며, 따라서 미국은 곧 패할 것이라고 잘라 말한다.[21] 외교협회가 미국의 초중등교육 실태와, 국가 안보에 미칠 그 영향을 평가하기 위해 시작한 2012년 특별대책위원회는 이렇게 주장했다. "금세기에는 인적 자본이 권력의 향방을 결정할 것이고, 이 인적 자본을 만들어내지 못할 경우 미국의 안보가 위태로워질 것이다. … 많은 사람들이 교육을 받지 못할 경우 미국은 물리적으로 스스로를 방어

하고 보안 정보를 관리하며 외교 활동을 하고 경제를 성장시키는 능력에 타격을 입을 것이다."[22]

따라서 재단이 보유한 총 자금의 4분의 1이 교육개혁으로 흘러들어가는 것은 전혀 이상하지 않다. 헤지펀드 개혁가들은 교육개혁을위한민주당원모임을 시작했고, 비즈니스라운드테이블[미국 200대 기업의 이익을 대변하는 경제 단체]에는 자체적인 교육 작업 집단이 있다. 월튼가, 브로드가, 피셔가[피셔인베스트먼트의 설립자이자 최고경영자 가문] 같은 억만장자 집안에서는 교육개혁에 수억 달러를 지출해 왔는데, 그 중심에 게이츠 부부가 있다. 이들은 자녀들이 첨단산업 중심의 미래에 대비할 수 있게 하려면 공교육을 완전히 다시 상상해야 한다고 주장한다.

방법에 대한 의견은 분분하다. 월튼가와 브로드가 같은 일각에서는 스쿨바우처(아이들을 공립학교 대신 사립학교에 보낼 수 있게 해 주는 정부 발행 재정 지원 인증서)와 완전한 사유화를 원한다. 게이츠 부부는 바우처에는 "대단히 긍정적인 몇 가지 특징들"이 있다면서 교구 부속학교의 효율성을 칭찬하지만, 대중들이 공교육에 너무 빠져 있기 때문에 이런 종류의 전면적인 변화에는 반감을 표출할 것이라고 생각한다.[23] 그 대신 게이츠재단은 공교육 제도에 시장 메커니즘을 조금씩 적용하는 점진적인 변화를 추구하고 있다.

기본적인 생각은 공교육 제도에 시장 논리를 적용함으로써 교육 기업가들의 참여를 유도하고 창의적인 사람들이 교육에 관심을 갖게 하며, 그 결과 나타나는 경쟁을 통해 모든 학교가 더 나은 실적을 올리도록 하겠다는 것이다. 어떤 개혁가의 표현처럼, 기업을 대하는 방식과 똑같이 학교를 대함으로써 우리는 "모든 공립학교들이 학력 향상 계약을 체결하고, 이를 운영하는 사람들은 … 그것을 잘 운영하고 실적에 따라 사람을 고용하고 해고하며, 성공적인 방식으로 학교를 설계할 자유를 가질 수 있는 … 시스템을 만들 수 있다. 성공하지 못하면 문을 닫아야 한다."[24]

"정상을 향한 경주 대회"는 오바마 전 대통령이 부시(George W. Bush)의 낙제생 방지 프로그램을 대체하기 위해 만든 수억 달러짜리 계획으로서, 이런 시장화 전략의 중요한 일부다. 이 대회는 혁신에 박차를 가하고 "기업 활동의 규모를 확대하며" "영리 투자자와 비영리 투자자 모두를 위한 새로운 시장의 창출을 독려"하기 위해 교육 지원금을 놓고 주(州)끼리 경쟁을 붙이는 방식으로 설계되었다. 정상을 향한 경주의 전임 책임자였던 조앤 바이스(Joane Weiss)는 이렇게 말한다.

공통된 기준과 평가의 개발은 커리큘럼 개발과 전문적인 연수, 형성 평가의 혁신을 위한 시장을 근본적으로 바꾸고 있다. 과거에는 이런 시장들이 주(州)별로 돌아갔고, 따로 지구별로 돌아가기도 했다. 하지만 공통된 기준과 평가를 채택한다는 것은 교육 기업가들이 전국 규모의 시장을 통해 최고의 상품을 큰물에 내놓을 수 있다는 의미다.[25]

[하지만] 개혁과 교육 상품의 "규모를 확대"하는 최선의 방법은 각축을 벌이다 진퇴양난에 빠져 있다. 게이츠재단은 처음에는 학급 규모 축소에 주력했다. 2000년대 초 이들은 45개 주에 2600개의 작은 고등학교를 개교하는 데 수십억 달러를 지출했지만, 이 프로젝트로 시험 점수가 향상되지 않자 이 방법은 폐기되었고, 결국 많은 신생 학교들이 문을 닫았다.

게이츠 부부는 이런 경험에도 좌절하지 않고 말을 바꿔서 이제는 교사들을 물고 늘어지는 중이다. 학생들의 시험 점수를 올리는 데 대단히 유능한 교사들이 있는데, 이런 "최고 사분위" 교사들이 학생들 특히 장애가 있는 학생들의 수학 능력을 향상시키는 데 핵심적인 역할을 해야 한다고 재단은 주장한다. 게이츠는 빈곤이 교육적 성취의 장애물이라고 못 박는 것은 경험적으로 잘못되었고 오히려 이는 부실한 교수(敎授)의 변명거리일 뿐이라고 믿는다. 미국 어린이 네 명 중 한 명은 가난하게 살 수도 있다. 하지만 빌 게이츠는 2011년 전미도시연맹(National Urban League)에서 이렇게 말했다. "우리는 가난한 동네에도 좋은 학교가 있을 수 있음을 알고 있다. 그러니까 이제 교육을 개혁하기 전에 빈곤 문제를 해결해야 한다는 식의 신화는 더 이상 들먹이지 말자. 이건 역발상이라고 볼 수 있다. 그러니까 빈곤 문제를 해결하는 최상의 방법은 교육개혁이다." 게다가 빌은 좋은 (최고 사분위) 교사들만 유지하면 "우리와 아시아 간의 모든 차이가 사라질 것"이고 "4년 내에 우리는 이 세상 모든 사람들을 다 날려 버리게 될 것"이라고 생각한다.[26] 마이클 리(Michelle Rhee), 조엘 클라인(Joel Klein), 웬디 콥(Wendy Kopp), 안 덩컨(Arne Duncan) 같은 힘 있는 교육개혁가들도 같은 입장이다.

하지만 교육개혁가들에 따르면 문제가 하나 있다. 그것은 바로 교사들이 교수(敎授)의 개선을 가로막고 있다는 점이다. 연공서열, 석·박사를 우대하는 급여 제도, 정년 보장 같은 반자유시장적 메커니즘이 진정한 교육개혁을 방해하고 있다는 것이다. 이런 장애물들을 약화시키기 위해 재단은 2009년에 출범한 티치플러스나 티치포아메리카 출신인 에반 스톤(Even Stone)과 시드니 모리스(Sydney Morris)가 2010년에 만든 에듀케이터포엑설런스 같은 새로운 단체에 돈을 지원해 왔다. 이런 단체들은 젊은 교사들을 워싱턴에 데려와 정년 보장 제도와 연공서열 권리에 반대하는 로비를 벌인다. 재단은 전국을 단위로 하는 공통 핵심 학업 기준을 개발하는 데도 돈을 댔다. 정상을 향한 경주의 재정 지원을 희망하는 주(州)는 이 공통 핵심 학업 기준을 충족해야 하는데, 2010년에 대부분의 주들이 이 기준을 채택한 상태다. 이와 함께 재단은 교사 능력 측정 시스템을 개발하는 데 수억 달러를 쏟아붓고 있다. 이 프로젝트의 일환으로 초등학교 교사들의 수업을 비디오로 녹화한다. 지금까지 1만 3000여 개의 수업을 녹화했다. 행정관과 개혁가들은 이것을 가지고 "유능한" 교사와 "무능한" 교사가 교실에서 어떤 일을 하는지 평가하여 효율적인 교수 방법을 발굴하고 확대시키는 한편 무능한 교사들을 내칠 것이다.[27]

게이츠 부부는 분명 사태를 파악하는 안목이 있다. 이들의 백신 계획은 전 세계 의료 시스템을 바꾸고 있고, 미국 교육 프로젝트는 연방 교육정책을 좌지우지한다. 하지만 게이츠 모델에는 두 가지 큰 문제가 있다. 첫 번째 문제는 자본주의 시장이 불평등을 일으키고 강화하고 있음에도 불구하고, 골치 아픈 사회문제를 해결하는 핵심은 자본주의 시장의 범위를 심화하는 데 있다고 주장한다는 점이다. 두 번째 문제는 사회문제를 해결하기 위한 재단의 모델이 엄청나게 비민주적이라는 데 있다.

시장을 활용해서 좋은 일을 한다?

＼

자본주의는 시장과 동의어가 아니다. 빌 게이츠와 멀린다 게이츠가 시장의 힘에 대해 이야기할 때 말하는 시장은 이윤을 동기로 굴러가는 자본주의 시장을 의미한다. 역사학자 페르낭 브로델(Fernand Braudel)이 밝힌 바대로, 15세기 이후 자본가들은 시장의 작동 방식을 바꾸고, 거래와 생산을 인간의 필요와 욕구의 충족이 아닌 이윤 실현을 위해 끼워 맞춰진 활동으로 전환시키면서 시장에 대한 장악력을 천천히 확대하기 시작했다.

자본주의 시장이라고 해서 나쁘기만 한 것은 아니다. 자본주의 시장은 여러 가지 면에서 해방적인 성격을 띨 수 있다. 비판 이론가 낸시 프레이저(Nancy Fraser)는 많은 여성들이 자본주의 시장 덕분에 억압적인 사적 영역에 맞서고 여기서 탈출할 수 있는 수단을 손에 넣을 수 있게 되었다고 주장한다.[28] 자본주의 시장은 기술 혁신과 물류 혁신에 박차를 가하고, 유례없이 엄청난 부를 만들어 낸다.

이런 자본주의 시장의 힘은 시장 논리를 활용하면 모든 문제를 더 잘 해결할 수 있다는 믿음을 부채질했다. 하지만 시장 논리란 무엇인가? 자본주의 시장에서는 우리가 사용하고 만드는 물건을 이윤을 위해 시장에 내놓고 매매하는 상품으로 정의한다. 최상의 시나리오에서 질 좋고 효율적으로 생산된 물건은 시장에서 좋은 가격에 팔리고 자본가는 이윤을 남긴다. 자신이 남긴 이윤에 만족한 자본가는 좋은 물건을 더 많이 만들고 효율성을 향상시켜 훨씬 더 많은 이윤을 남기고픈 인센티브를 얻게 된다. 여기에 다른 자본가들까지 가세하여 더 질 좋은 혹은 다른 물건을 효율적으로 생산하는 경쟁을 하려고 든다. 우리는 자본가들이 남기는 이윤을 보고 이들이 얼마나 게임을 잘하는지 가늠할 수 있다. 여기에는 검증되지 않은 가설이 하나 있는데 그것은 바로 경쟁이 자원을 할당하는 최상의 방법이라는 것이다.

이런 이상적인 시나리오에서는 자본가가 서로 경쟁하여 최상의 물건을 효율적으로 만들어 낼 때 모두에게 득이 된다. 자본가들은 이윤을 위해 경쟁하면서 우리의 삶을 향상시킬 수 있는 혁신을 꾸준히 추구한다. 따라서 많은 물건이 시장 시스템으로 편입되어 상품으로 전환될수록 모두에게 더 바람직하다. 어떤 물건에 이윤을 창출할 만한 잠재력이 확인되면 혁신가에게는 이 물건을 더 잘 만들려 하는 인센티브가 마련되기 때문이다.

물건을 상품으로 전환할 경우 이런 장점들이 있다고 하더라도 인간은 이 과정에 저항하기도 한다. 17세기 중반 디거스라는 농민 공동체가 영국의 공유지 인클로저를 막기 위해 투쟁한 사례 같은 에피소드들은 역사적으로 상품화 과정이 결코 수월하지 않았음을 보여 준다. 디거스 농민들은 지구는 모두가 공유하는 "공동의 보물"을 상징한다고 믿었다. 이들은 잉글랜드 농촌 전역에서 황폐한 공유지에 집을 짓고 작물을 키움으로써 공동체의 경작권 상실에 맞섰다. 이를 못마땅하게 여긴 부유한 지주들은 지역 상류층을 불러 모아 디거스의 집을 불태우고 작물을 망쳐 놓았다.

350년 전이나 지금이나, 논란 지점은 무언가를 상품으로 전환시키는 것은 권리의 박탈인가 아니면 그럼에도 불구하고 권리는 잠재적으로 유지되는가 하는 부분이다. 그리고 무언가가 상품이 되는 순간 해당 상품의 가치는 이제 주로 그것이 이윤을 발생시키는지 여부에 따라 판가름 나고, 상품에 접근할 수 있는지의 여부는 사람마다의 지불 능력에 좌우된다.

이를 잘 보여 주는 것이 백신 문제다. 게이츠 부부는 가난한 나라의 문제는 이들이 돈이 없어서 백신 같은 물건에 대한 수요를 전혀 창출하지 못하다 보니 상품 생산 순환에서 배제되어 버렸다는 데 있다고 말한다. 따라서 재단은 기업에 백신을 공급할 수 있는 인센티브를 주고 제약회사들에 수요를 제공한다. 이 과정에서 의료 서비스는 장기적으로 재단이 수요를 지원할 필요 없이 사람들이 스스로 백신을 구매할 능력을 갖추리라는 희망에서 상품으로 전환된다. 문제는 상품화의 결여로 규정되고, 해법은 자본주의적인 의료 서비스 시장을 창출하는 것이다. 하지만 의료 서비스가 사람이 시장에서 사고파는 상품이 되어야 할까?

미국같이 의료 서비스가 상품인 부유한 나라에서 사람들은 (의사의 진료와 약 같은) 건강을 유지하는 데 필요한 것들을 구매하고, 국가는 이를 구입할 능력이 없는 사람들을 위해 (백신 같은) 일부를 구매해 주는 정도로만 개입한다. 하지만 자본주의 시장에서 상품 구매 능력은 언제나 얼마나 많은 돈을 갖고 있는가에 좌우된다. 미국 정부는 공중 보건 위기를 바라지 않기 때문에 사람들이 백신과 안전한 식수를 확보할 수 있도록 힘쓰고 있지만, 비센테 나바로(Vincente Navarro) 같은 학자들이 보여 주듯 이런 기본적인 수준을 넘어서면 의료 서비스에 대한 접근은 계급과 인종별로 심하게 층화되어 있다.[29] 돈이 있어서 좋은 건강보험에 든 사람은 의료보험이 전혀 없는 가난한 사람보다 더 오래 산다. 가난한 흑인 남성과 부유한 백인 여성 간의 기대 수명 차이는 14년이 넘는다. 미국은 세계에서 가장 부유한 나라임에도 불구하고 영아 사망률이 46위로, 많은 부유한 나라는 물론이고 한국이나 쿠바처럼 그보다 훨씬 못사는 나라들보다도 뒤처진다. 앨라배마와 미시시피 같은 가난한 주에서 태어난 아기들은 매사추세츠 같은 부유한 주에서 태어난 아기들과 비교했을 때 돌 전에 사망할 가능성이 두 배 이상 높다. 자본주의 시장에는 승자와 패자가 있게 마련이다. 의료 서비스가 상품일 때 사람들은 의료보험이 없다는 이유로 만성적인 질병에 걸려 사망하거나(미국에서는 매년 예방 가능한 사망 사건이 4만 5000건씩 발생한다) 고통받는다.[30] 2010년에 통과된 부담적정보험법은 의료보험을 구매할 수 있는 사람의 수를 확대함으로써 이런 격차를 일부 메우기 위해 설계되었지만, 의료 서비스를 권리로 격상시키는 데는 이르지 못하고 있다.

예방 가능한 질병으로 죽어 가는 사람이 있어서는 안 되며, 인명을 구하기 위해서는 무슨 일이든 해야 한다. 하지만 예방 가능한 질병으로 죽어 가는 지구 남반구 빈민들의 문제를 시장의 실패라는 관점에서 접근할 경우, 우리는 의료 서비스가 지불 능력과 관계없이 권리로 보장되는 보건 의료 시스템을 구축할 가능성을 차단하게 된다.

"2030년까지 보편적인 의료 보장을 향하여"라는 제목으로 개최된 2014년 세계은행 행사가 보여 주듯 보편적인 의료 서비스의 중요성에 대한 전 세계적인 합의가 점차 확대되고 있다. 마거릿 챈(Margaret Chan) 세계보건기구 사무총장은 "보편적인 의료 보장이 없으면 빈곤을 종식시키지 못할 것"이라고 선포하기도 했다. 세계은행 총재 김용과 경제학자이자 미국국가경제위원회 전임 위원장이었던 래리 서머스(Larry Summers) 역시 이와 같은 정서를 공유한다. 하지만 게이츠 부부는 이에 동의하지 않는다. 재단의 공식적인 입장은 보편적인 의료 서비스에 반대하지는 않는다는 것이다. 보편적인 의료보장을 지지하는 보고서가 재단의 지원금을 받아 랜싯(The Lancet)에 실린 적이 있긴 하지만, 게이츠 재단에서 발행한 2015년 이후 발전 보고서에서는 보편적인 의료 보장은 "전 세계 발전 목표로서 한계"를 지니고 있고, 건강에 긍정적인 영향을 미친다는 증거는 "혼재되어 있다"고 밝히고 있다.[31]

게이츠재단의 재력은 전 세계적으로 사람들이 의료 서비스에 대해 사고하는 방식을 좌우할 수 있는 엄청난 영향력으로 이어진다. 보편적인 의료보장을 해 주는 나라의 국민들이 가장 건강하다는 증거가 압도적인 상황임에도 불구하고, 의료 서비스가 상품일 때 가장 효과적이라는 게이츠의 입장은 전 세계적인 건강 불평등의 근본적인 원인을 제대로 살피지 못하게 한다는 점에서 대단히 문제적이다.

또한 이들은 시장 논리는 공교육에도 적용되어야 한다고 생각한다. "하향식 정부 독점 공급자" 시스템은 붕괴되었고 경쟁을 늘리면 공교육이 크게 개선되리라는 것이 빌 게이츠의 주장이다.[32] 게이츠 부부는 다른 일부 교육개혁가들과는 달리 미국 교육 시스템의 완전한 사유화를 지지하지는 않는다. 대신 이들은 공립학교가 시장 논리에 따라 작동해야 한다고 주장하는데, 말인즉슨 공립학교들이 다른 학교들과 경쟁하면서 시험 점수 향상을 통해 그 가치를 입증해야 하고 그렇지 못할 경우 폐쇄하거나 사립 차터스쿨[공적 자금을 받지만 교사, 부모, 지역단체 등이 설립하여 운영하는 학교]로 대체되어야 한다는 것이다.

빌 게이츠에 따르면 미국의 공교육이 실패한 이유는 다른 전문직에 적용하는 것과 동일한 기준을 교사에게 적용하지 않았기 때문이다.

교사와 다른 전문직(농부, 공학자, 컴퓨터 프로그래머, 심지어는 운동선수)을 비교해 보면 실력 측정의 가치는 분명해진다. 이런 전문직들이 더 나은 이유는 … 우수함에 대한 확실한 지표가 있고 이들의 성공은 수행 능력에 좌우되며 최고로부터 열심히 배우기 때문이다. 교육에서는 우수함을 측정하고 증진하기 위한 시스템이 구축되어 있지 않기 때문에 이런 진전이 이루어지지 못했다.[33]

시장 논리는 단순 명료하다. 교육의 생산 공정(교사)이 더 나은 기술과 효율성으로 투입물(학생)을 바꿀 때 교육의 생산품(시험 점수)이 향상될 것이다. 지금은 국가가 교육을 독점하고 있기 때문에 높은 점수를 산출하지 못하는 교사들을 제거함으로써 생산 공정을 최적화하는 일을 하지 못한다. 정상을 향한 경주나 게이츠가 후원했던 공통 핵심 학업 기준 같은 프로그램들은 우리가 표준화된 시험의 빈도와 수를 늘려 생산 공정을 최적화하고, 이로써 각각의 교사가 학생들에게 부가하는 가치를 정확하게 측정할 수 있게 해 준다.

하지만 자본주의 시장 논리를 교육에 적용하는 데는 문제가 있다. 자본가는 최고의 투입물과 가장 효율적인 생산 공정을 이용하여 가장 많은 이윤을 뽑으려고 한다. 이런 논리는 학교에 적용될 수 없다. 왜일까? 한때 교육이 사업처럼 운영되어야 한다고 생각했던 기업가 제이미 볼머(Jamie Vollmer)가 이를 잘 설명하고 있다. 1991년 일본 제조업체들의 급속한 성공에 고무되어 "종합적 품질관리" 방식인 린생산(lean-production)이 한창 유행할 때 볼머는 교사와 교육행정가, 교직원들을 모아 놓고 학교 개선 방법에 대해 강의를 한 적이 있었다. 당시 볼머는 대단히 성공적인 아이스크림회사를 운영하고 있었고, 이 회사가 만든 블루베리 아이스크림은 1984년 미국 최고의 아이스크림으로 뽑히기도 했다. 그는 이들에게 자신이 회사를 운영하듯 학교를 운영해야 한다고 말했다.

질의응답 시간에 한 교사가 일어나 어떻게 그렇게 맛있는 블루베리 아이스크림을 만들었냐고 물었고, 볼머는 '슈퍼프리미엄' 재료만을 사용하기 때문이라고 말했다. 그러자 교사는 또 물었다. "볼머 씨, 재료가 들어올 때 가 보니 질 나쁜 블루베리가 한 차 들어와 있으면 어떻게 하세요?" 볼머는 대답했다. "되돌려 보내죠." 교사가 벌떡 일어나며 말했다. "그렇죠!" 하지만 "우리는 우리 블루베리들을 결코 돌려보낼 수 없답니다. 우리에게 들어오는 블루베리는 크기도 하고 작기도 하고, 부자이기도 하고 가난하기도 하고, 재능이 있기도 하고 비범하기도 하고, 학대당하거나 겁을 먹기도 하고, 자신감이 넘치거나, 집이 없거나, 무례하거나 똑똑하기도 하죠. ADHD나 소아기류마티스관절염에 걸린 경우도 있고 영어가 모국어가 아닌 경우도 있어요. 우리는 이런 애들을 모두 받아요! 모두요! 그러니까 볼머 씨, 이래서 학교는 기업일 수 없는 거예요. 학교는 그냥 학교라고요!" 그러자 290명의 교사들과 교장, 버스 운전사, 수업 보조, 관리인, 비서가 모두 벌떡 일어나 이렇게 외쳤다. "맞아요! 블루베리! 블루베리!"[34]

볼머는 이렇게 해서 아이들은 투입물이 아님을 깨달았다. 하지만 "아는 것이 힘 프로그램(Knowledge Is Power Program, KIPP)"에 참여하는 차터스쿨 같은 학교에 대한 열렬한 지지에서 알 수 있듯 오늘날의 개혁가들은 아직 이런 인식에 이르지 못했다. 빌 게이츠에 따르면 "위대한 교사가 만들어질 수 있는 장소는 얼마 되지 않는다. 대단히 적다. 이 얼마 안 되는 장소 중에서 좋은 사례는 KIPP라고 하는 차터스쿨들이다."[35] 티치포아메리카 졸업생 두 명이 설립하고 게이츠 부부가 재정을 지원하는 이 학교는 도시의 가난한 흑인 학생들과 라틴계 학생들의 욕구에 맞춘다. KIPP 학교들은 연장 수업과 엄격한 규율로 운영한다. 학생들은 KIPP 방식으로 걷는 법, 버스 하차 법, 화장실 사용법을 배운다. 학생들은 질문에 답하는 것 이외에는 학교에서 말해서는 안 되며, 책상을 "일해서 벌어야" 한다. 일부 KIPP 학교에서는 소소한 규정을 어긴 학생들을 따로 격리시키고 '악동'이나 '천치'라고 적힌 표지판을 목에 걸고 있게 한다.

KIPP가 유별난 것이 아니다. 어치브먼트퍼스트라는 학교 간 네트워크에서는 휘파람을 분다거나 콧노래를 부른다거나 아니면 지시에 빨리 따르지 않는 등의 사소한 교칙 위반을 할 경우 '재교육'에 들어간다. 유치원생을 포함해서 교칙을 위반한 학생들은 교복 셔츠 위에 흰 앞치마를 두르고 있어야 하는데, 이 앞치마를 두르고 있는 동안에는 다른 학생들과 말을 해서는 안 되고 음악이나 체육 수업에 참여하지 못한다. 앞치마를 벗으려면 학급 학생들 앞에서 공식적인 사과를 하고, 모든 선생님들로부터 자신이 단체 생활을 할 준비가 되어 있음을 인정하는 서명을 받아야 하며, 급우들은 해당 학생이 정규 활동에 돌아오는 걸 환영할 것인지를 결정하는 투표를 해야 한다.[36]

개혁가들은 이와 같은 규율 모델은 시험 점수를 극적으로 향상시키기 때문에 그만한 가치가 있다고 말한다. KIPP의 모델은 마틴 셀리그먼(Martin Seligman)이라고 하는 미국 심리학자의 연구를 모태로 삼고 있다. CIA는 이 심리학자의 "학습된 무력감" 기법을 채택하여 고문의 수위를 높이기도 했다. 하지만 이들은 적응하지 못하는 학생들은 "따로 상담을 하거나" 아예 퇴학시킨다는 점은 밝히지 않는다. KIPP 학교를 다니는 학생 중에서 과정을 모두 이수하는 학생은 40퍼센트밖에 되지 않는다.[37] 코네티컷 하트퍼드에 있는 어치브먼트퍼스트 참여 학교에서는 유치원생을 포함해 이 학교 학생의 거의 절반이 2011/12학년 동안 정학을 당했다. 성취도가 낮은 학생들과 심리적 혹은 감정적 장애가 있는 학생들은 일단 차터스쿨에 입학하기가 더 어렵고, 입학하더라도 정학이나 퇴학을 당할 가능성이 높다. 차터스쿨 사이에서 이런 관행이 워낙 광범위하게 퍼져 있다 보니 미국 교육부는 2014년에 차터스쿨들이 연방의 시민권법을 준수해야 한다는 것을 상기시키는 지침을 발표하기까지 했다.

그 누구도 교육의 목적이 시험 점수를 잘 받는 것이라고 주장하지는 않을 것이다. 학생들이 다 같이 순종적으로 고개를 끄덕이며 완전한 침묵 속에서 시간을 보내고, 사소한 학칙을 위반했을 때 굴욕을 맛보는 것 역시 교육의 목적이 될 수는 없을 것이다. 하지만 우리가 시장 논리를 따라 학교를 조직할 때 바로 이런 일이 일어나게 된다. 교육은 상품이 아니다. 학습은 생산 과정이 아니고, 학생들은 인적자본이 아니다.

비민주적이고 책임을 지지 않는 그들

어쩌면 첫 번째 문제보다 훨씬 더 큰 두 번째 문제는 재단들(과 많은 비정부기구들)이 뼛속까지 비민주적이라는 데 있다. 이들은 자신이 원하는 일에 자유롭게 돈을 쓸 수 있다. 재단들은 막대한 재력 덕분에 권력의 회랑을 마음껏 거닐 수 있고, 자신들이 진행한 프로그램의 결과로 발생할 수 있는 부정적인 결과에 대해서는 결코 책임을 지지 않는다.

어쩌면 이는 지나친 중상처럼 들릴 수도 있다. 인구 증가에 대한 맬서스(Thomas Robert Malthus)의 서사에 부응하여 피임을 장려하는 일이 좋은 일이듯, 말라리아가 빈발하는 지역에 모기장과 소아마비 백신을 나눠 주는 것은 어쨌든 좋은 일이다. 게이츠재단은 피임을 장려하는 활동도 하고 있다. 이처럼 게이츠재단은 원하기만 하면 무엇이든 할 수 있다. 2006년에 시작된 게이츠재단과 록펠러재단의 공동 프로젝트인 아프리카녹색혁명동맹이 이런 예에 속한다. 재단은 탄자니아, 모잠비크, 말리, 가나 같은 아프리카 국가의 빈민 대다수는 농민이기 때문에, 농민들의 생산성과 소출을 향상시키면 더 지속적인 경제성장을 위한 기초를 마련하여 사람들을 빈곤에서 해방시킬 수 있다고 주장한다. 게이츠재단의 다른 프로젝트들이 그렇듯 아프리카녹색혁명동맹의 목표는 투자자들에게 아프리카의 농업에서도 수익을 남길 수 있음을 보여 주는 것이다. 아프리카녹색혁명동맹은 이를 위해 아프리카에 종자와 살충제 같은 투입물 시장을 만들기 위한 프로그램과, 농민들을 위한 새로운 대출 프로그램을 시행하고 있다.

아프리카녹색혁명동맹은 소출 향상이라는 그들의 기준으로 보아 아프리카 농민들의 성공을 가로막는 큰 장애물 중 하나는 이들이 의존하고 있는 비공식적인 종자 공유 시스템이라고 주장한다. 아프리카녹색혁명동맹은 이런 공유 종자들을 소출이 많은 일대잡종 종자[서로 다른 종이나 계통 간의 교배를 통해 형성된 품종으로서 품질이 균일하고 수량이 많지만, 자가 채종을 하면 그 형질이 유전되지 않기 때문에 해마다 새로 씨앗을 구입해 써야 하는 종자]로 대체하고, 이 과정에서 아프리카의 종자를 개선하면서 돈을 벌 수 있다는 것을 보여 줄 계획이다. 이런 새로운 종자들은 공식적인 종자 시장에서 지역의 새로운 민간 종자업체를 통해 공급되고 지식재산권의 보호를 받는다. "인증받은" 새로운 종자에는 살충제를 더 많이 사용해야 하기 때문에, 재단은 살충제 시장을 만드는 것도 지원하고 있다. 게이츠재단이 몬샌토 주식 50만 주를 소유하고 있는 것은 이들이 유전자조작 종자에 열광하는 이유 중 하나인지도 모른다.

남반구와 북반구의 과학자들과 발전 분야의 학자, 식량 주권 활동가들은 아프리카녹색혁명동맹이 발표되자 격분했다.[38] 이들은 그 이름이 암시하듯 녹색혁명이 아프리카에서 처음으로 시도되는 것은 아니라고 주장한다. 세계은행은 수년간 가난한 아프리카 국가에서 녹색혁명 프로그램을 이행하려고 노력했지만, 이런 노력은 실패했을 뿐만 아니라 그 과정에서 불평등과 토지의 수탈, 생태적 피해를 더욱 악화시켰다.[39] 아프리카녹색혁명동맹의 정책은 1980년대 세계은행의 정책보다는 더 정교하지만, 전통과 현대라고 하는 이분법을 똑같이 따르고 있다. 전통적인, 즉 낙후된 아프리카의 농업 관행이 아프리카의 빈곤과 영양실조의 원인이라는 이런 주장은 경험적인 연구 결과와도 어긋난다.[40] 아프리카녹색혁명동맹은 그러므로 아프리카의 농부들은 현대적인, 즉 똑똑한 서구 농민들의 관행을 따라 생산성을 높이고 빈곤에서 벗어나야 한다는 관점을 유지하고 있다.[41]

아프리카녹색혁명동맹은 지금도 진행 중이며, 전 세계 정치 지도자와 활동가들로부터 지속적인 비판을 받고 있다. 2014년 아프리카 6개국 대표들과 10여 개의 미국 식량 주권 단체들이 시애틀에서 아프리카-미국 식량 주권 전략 정상회담을 개최했지만 아프리카녹색혁명동맹에 대한 비판은 거의 아무런 영향력을 행사하지 못했다. 재단에게는 자신이 원하는 정책 목표를 밀고 갈 자원이 있기 때문이다. 재단은 재력을 이용하여 미국 내부와 무수한 다른 재단 및 민간 후원자들로부터 지지를 얻어 냈고, 빌과 멀린다 게이츠를 제외한 그 누구에게도 설명의 의무를 지지 않는다. 게이츠 부부는 농부와 지역단체를 포함하는 전 세계적인 협력자들의 네트워크 속에 스스로를 위치시킴으로써 자신들의 권력을 낮춰 평가하려 하지만, 이 프로그램의 혜택을 본다고 얘기되는 농부들은 그 안에서 아무런 목소리를 내지 못한다. 동아프리카소농연합의 시몬 므왐바(Simon Mwamba)는 이 상황을 이런 식으로 비유한다. "당신이 들어옵니다. 땅을 사고 계획을 세웁니다. 집을 짓습니다. 그러고 나서 나에게 물어보는 겁니다. 부엌을 무슨 색깔로 칠하면 좋겠느냐고. 이건 참여가 아닙니다!"[42] 게이츠재단은 농민과 지역 공동체 집단에게 재단이 기존 농민들의 종자 시스템을 어떤 식으로 지원하고 강화하면 좋겠는지 물어보는 것이 아니라, 기존의 시스템을 이윤 동기가 생산과 배분을 주도하는 새로운 민간 시스템으로 대체하자고 제안한다.

문제는 참여에서 그치지 않는다. 민주적 메커니즘의 부재는 농민들에게 잠재적으로 치명적인 프로그램을 중단시킬 방도가 전혀 없음을 의미한다. "상업적으로 성공적인 시스템은 곧 식량 안보와 사회적 행복이기도 하다는 것을 전제로" 아프리카녹색혁명동맹은 아프리카 농민들에게 유전자조작 종자를 구매하여 사용하라고 제안한다.[43] 이곳 농민들은 수천 년간 종자를 재사용하거나 공유해 왔고, 대부분 너무 가난해서 가격이 얼마건 간에 종자를 살 능력도 없다. 농생태학자들은 단작에는 심각한 생태적 위험과 생장상의 위험이 있기 때문에 미국과 유럽의 경작 모델이 큰 위기를 맞게 되리라며 우려한다. 하지만 아프리카녹색혁명동맹 계획에서는 이 모든 문제들을 무시한다. 식량 주권에 대한 국가와 그 국민들의 권리를 무시하는 것이다. 서구인들은 전문가이고, 아프리카 농민들은 가난과 억압에 너무 시달려서 해법과 전략을 찾아내지 못한다고 간주된다.

미국 교육의 사례도 마찬가지다. 게이츠 부부와 다른 교육개혁가들은 미국의 공교육 제도가 붕괴했다고 결론 내려 버렸다. 이들은 이 말을 되풀이한다. 공교육이 망했고, 자신들이 그걸 고치겠다고 말이다. 하지만 공교육은 붕괴하지 않았다.

오늘날 교육개혁가들은 학생들의 시험 점수가 형편없고 흑인 학생과 백인 학생 간의 점수 차가 좁혀지지 않는 것은, 특히 소수인종 학생들이 부진하다는 것을 보여 주는 것이라고 주장하면서 자신들이 공교육 제도에 끼어드는 것을 정당화한다. 미국교육통계센터의 자료에 따르면 4학년, 8학년, 12학년 전체의 읽기와 수학 점수는 지난 몇십 년간 향상되었고, 몇몇 경우는 대단히 크게 나아졌다. 사실 사회적으로 불리한 소수 인종 학생들은 모든 집단 중에서 시험 점수가 가장 크게 향상되었는데, 이런 향상은 대부분 지금의 시험 열풍이 불기 전에 일어났다. 고등학교 졸업률은 사상 최고 수준이고, 그 어느 때보다 많은 학생들이 대학에 진학하고 있다. 흑인 학생과 백인 학생 간의 성취도 차이는 좁혀지긴 했지만 사라지지는 않았는데, 그 이유는 대체로 흑인 학생과 백인 학생의 시험 점수가 동시에 향상하고 있기 때문이다. 소득을 통제할 경우 흑인 학생과 백인 학생 간의 성취도 차이는 훨씬 좁혀진다.[44]

소득에 의한 계층화는 최근 들어 가장 뚜렷한 흐름으로 자리 잡고 있다. 고소득층 학생과 저소득층 학생 간의 성취도 차이는 지난 30년보다 훨씬 더 커졌다. 교육개혁가들은 가난한 동네에도 좋은 학교가 있다고 주장하지만, 가계 소득과 부모의 학력 수준은 삶의 기회와 교육 성취에서 주요한 요소다. 저소득층 학생들은 고등학교를 중퇴할 가능성이 고소득층 학생들보다 일곱 배 더 높다.

교육개혁가들은 이런 사실과 고려 사항들을 논의에서 쏙 빼놓은 채 교육의 새로운 '위기'를 창조하는 데 상당한 성공을 거뒀다. 지난 15년간 교육개혁가들은 미국인들에게 공교육이 붕괴했다는 확신을 심는 운동에 수억 달러를 퍼부었다. 교육개혁의 큰 돈줄인 엘리 브로드(Eli Broad)는 "Ed in 08' 캠페인의 목표는 미국 대중들 사이에서 스푸트니크 모멘트[미국에서 국가나 사회가 교육과 연구 개발에 대한 투자를 통해 과학기술상의 격차를 따라잡아야 한다고 느끼는 시점을 가리키는 표현]라는 위기감을 자아내는 것이었음"을 인정한다. 미국 대중들은 게이츠재단과 그 동맹 세력들 때문에 크게 자극을 받았다. '슈퍼맨을 기다리며' 같은 영화들은 공립학교 시스템을 공포와 부패로 뒤범벅된 진창으로 그린다. 이 영화는 뉴욕매거진의 표지를 장식했고, 학교의 실패를 다룬 2부짜리 오프라스페셜을 통해 대단히 중요하게 다뤄졌다. 이 영화에 자금을 지원한 빌 게이츠가 전국 순회강연을 하면서 영화를 홍보하기도 했다.[45]

미국 학교의 위기는 되풀이되는 현상처럼 보인다. 소련이 1957년 최초의 인공위성인 스푸트니크를 쏘아 올렸을 때 미국인들은 거의 정신을 놓다시피 했다. 이들은 수학과 과학에서 2등밖에 못하는 학생들을 양산했다며 학교를 발 빠르게 비난했다. 그리고

1980년대에 일본 경제가 승승장구하자 전문가들은 미국이 아시아의 제조업 경쟁자들과의 경쟁에서 밀리는 것은 공교육 때문이라고 몰아세웠다. 역사학자 리처드 호프스태터(Richard Hofstader)는 원치 않는 상황에 대해 교육제도(와 교사, 그리고 학교위원회)를 탓하는 경향은 1820년대부터 있었던 일이라고 한다. 하지만 "낙제생 방지"를 주장했던 교육사학자 다이안 래비치(Diane Ravitch)는 개혁가들이 교육제도가 좋았던 옛 시절에 대한 향수에 젖을 때, 이들이 의미하는 좋았던 시절이란 학교가 인종적으로 분리되어 있고 "육체적, 정신적, 혹은 정서적 장애가 있는 학생들은 받아 주지" 않던 때를, "영어로 말하거나 쓰지 못하는 학생들이 상대적으로 거의 없던 때를, 그리고 고등학교를 졸업하고 대학에 입학하는 학생들이 거의 없던 때를" 의미한다고 주장한다.[46]

물론 그렇다고 해서 미국의 교육을 개선하거나 근본적으로 재상상할 필요가 없다는 뜻은 아니다. 소득과 인종에 따른 성취도의 상당한 차이에 대해 걱정할 필요가 없다는 말도 아니다. 여기서 하려는 말은 그저 미국의 공교육 시스템이 붕괴되지 않았다는 것이다. 대중들은 매체를 통해 교육의 위기에 대한 이야기를 접해 왔지만, 정작 사람들에게 자녀들이 다니는 학교를 평가해 보라고 하면 학부모의 4분의 3 이상이 학교와 선생님을 사랑한다고 말한다.[47] 2012년 시카고교사노조의 파업은 지역사회에서 큰 지지를 받았다. 캐런 루이스(Karen Lewis)가 주도하는 급진적 성향의 일반교육자이익단체가 2차 투표에서 승리를 거두고 2010년 시카고교사노조를 이끌게 된 뒤부터 이들은 교사, 학부모, 지역사회 구성원으로 이루어진 새로운 네트워크를 밑바닥에서부터 구축하여 일방적인 양보 요구와 학교 폐쇄에 저항했다. 2012년 9월 심화 학습 프로그램과 교사 해고 문제를 놓고 시와 벌이던 협상이 결렬되자, 루이스는 25년 만에 처음으로 시카고교사노조를 파업으로 이끌었다. 파업에 돌입한 많은 공공 부문 조합원들에 대해서와 마찬가지로 신문들은 파업에 들어간 교사들을 난도질했지만, 지역사회 네트워크의 지원 덕분에 이들은 물러서지 않을 수 있었고 결국 승리를 손에 넣었다.

뉴어크와 워싱턴DC 같은 도시의 학부모 단체들과 지역사회 구성원들 역시 학교 개혁에 대해, 그중에서도 특히 코리 부커[Cory Booker, 2006년부터 2013년까지 뉴어크의 시장이었으며 지금은 민주당 상원의원]와 미셸 리[Michelle Rhee, 2007년부터 2010년까지 워싱턴 DC의 교육감]가 학교에 저지른 일에 대해 크게 언짢아하고 있다. 사람들은 공통 핵심 학업 기준을 원치 않는다. 학교를 폐쇄하거나 교사를 해고하는 것도 바라지 않는다. 바우처나 시험을 늘리는 것도, 공적 자금을 사용하여 교육을 사유화하는 것도 원치 않는다. 사람들은 학교의 문제는 사실 경제의 문제임을 잘 알고 있다. 미국 어린이 네 명 중 한 명이 빈곤 속에서 성장하고 있는 것이 교사와 학교 탓이 아니라는 것도 알고 있다. 2013년 5월, 과중한 시험제도에 항의하기 위해 1500명의 학부모가 뉴욕 올버니에 운집했다. 1년 뒤에는 뉴저지 캠던의 고등학생 수백 명이 교사 해고에 항의하며 거리를 행진했고, 캘리포니아, 워싱턴, 콜로라도 등 미국의 여러 주에서는 수천 명의 학부모들이 표준화된 시험을 보이콧하고 있다.

학부모와 학생, 지역사회는 날로 힘을 모아 대응하고 있지만, 이들의 싸움은 결코 쉽지 않다. 큰 불만과 분노를 느끼고 있음에도 불구하고 교육개혁 과정에서 발언권이 거의 주어지지 않기 때문이다. 게이츠재단은 원하는 곳에 돈을 마음껏 쓸 수 있는 민간기관이다. 빌과 멀린다 게이츠만 그런 것이 아니다. 교육개혁가들은 미국입법교류협의회가 작성한 법안을 통과시키기 위한 로비를 벌인다. 보수적인 국회의원들과 기업 단체들의 조직인 미국입법교류협의회는 국회와 주의회에 출석하는 정치인들을 위해 샘플 법안을 작성하는 단체이다. 마크 저커버그가 뉴어크의 공교육 시스템을 "교정"하는 데 1억 달러를 기부하겠다고 결정하자, 이 돈의 사용 방식을 결정하기 위한 재단 위원회가 꾸려졌다. 하지만 여기에는 지역사회 구성원이 단 한 명밖에 포함되지 않았다. 게다가 그 한 명은 바로 전임 시장인 코리 부커였다.[48] 재단은 신뢰할 수 없고 비민주적이기만 한 것이 아니다. 이들은 종종 비민주적인 구조에서 비민주적인 프로그램을 이행하곤 한다. 교육개혁가들이 내세우는 중요한 목표 중 하나는, 전임 뉴욕시장 마이클 블룸버그(Michael Bloomberg)가 2002년에 그랬던 것처럼 학부모와 지역사회가 학교 개혁에 대해 발언할 수 있는 유일한 기회인 선출직 학교위원회를 없애는 것이다.

지난 몇십 년간 진행된 경제 재구조화와 소득세와 양도소득세의 삭감, 그리고 상속세의 폐기는 슈퍼엘리트들에게 그 어느 때보다 큰 금전적 이익을 안겨 주었다. 이들은 이 돈을 가지고 세계를 바꾸겠다는 꿈을 좇고 있다. 이런 억만장자들이 자선 활동에 기부하겠다고 적어 낸 돈은 국고 세입에 추가되지 않는다는 점에서, 미국 대중들 모두가 이들의 꿈을 실현시키는 데 일조하고 있다. 갑부들의 기부금 액수는 날로 커지고 있다. 정치경제학자이자 정책 전문가인 로버트 라이히(Robert Reich)는 "미국 정부는 저소득층 가정 일시 보조에 쓰는 돈보다 더 많은 돈을 자선 모금 활동을 보조하는 데 지출한다"고 꼬집는다.[49] 하지만 이런 재단들의 꿈은 우리의 꿈과 같을 수 없다. 우리는 이런 꿈을 결정하는 데 아무런 발언권도 없다. 재단은 어떤 규제도 받지 않고 신뢰할 수도 없다. 이들은 의제를 설정하지만, 이 돈으로 무엇을 할지를 결정하는 데 시민들이 간여할 수 있는 민주적인 과정은 전무하다. 결국 멀린다 게이츠의 말은 반쪽짜리 진실이었다. 소수의 사람이 세상을 바꾸고 있다. 하지만 이들만이 세상을 바꿨던 것은 아니다. 거대한 변화는 민주적인 수단을 이용하여 사회 변화를 위한 급진적인 프로그램을 이행하는 사람들로부터 비롯되기도 한다. 재단은 부를 재분배하지 않지만, 공적인 부는 공공의 선을 위해 사용되어야 한다고 주장하는 사회운동들은 부를 재분배할 것이다.

1   Randall Smith,"As His Foundation Has Grown, Gates Has Slowed His Donations," New York Times, May 26, 2014.

2   Bill Gates, Harvard commencement speech, June 7, 2007.

3   Matthew Bishop and Michael Green, Philanthrocapitalism: How the Rich Can Save the World, New York: Bloomsbury Press, 2008, p.12.

4   Bill Gates, Harvard commencement speech.

5   Bill Gates, "A New Approach to Capitalism in the 21st Century," speech at the World Economic Forum 2008, Davos, Switzerland, January 24, 2008.

6   www.gatesfoundation.org를 볼 것.

7   Melinda Gates, Entrepreneurial Thought Leaders Seminar, Stanford Center for Professional Development, November 14, 2012.

8   Bill Gates, Harvard commencement speech.

9   2014 Gates Annual Letter, http://annualletter.gatesfoundation.org/.

10   Phillip McMichael, Development and Social Change: A Global Perspective, Newbury Park, CA: Pine Forge Press, 2008.

11   http://files.amnesty.org/INGO/INGOAC.pdf를 볼 것.

12   Bishop and Green, Philanthrocapitalism, p. 21.

13   Joan Roelofs, "Foundations and Collaboration," Critical Sociology 33: 3, May 2007, 479-04. 그리고 G. William Domhoff, "The Ford Foundation in the Inner City: Forging and Alliance with Neighborhood Activists," www2.ucsc.edu/whorulesamerica/local/ford_foundation.html도 볼 것.

14   David Bank, Breaking Windows: How Bill Gates Fumbled the Future of Microsoft, New York: Free Press, 2001.

15   Bill Gates, Davos speech, 2008.

16   Bill Gates, Davos speech, 2008.

17   Bishop and Green, Philanthrocapitalism.

18 Melinda Gates, Stanford seminar speech.

19 Bill Gates, "Mosquitos, Malaria, and Education," TED Talk, February 2009.

20 "Public High School Four–Year on–Time Graduation Rates and Event Dropout Rates: School Years 2010–1 and 2011–2," US Department of Education, NCES 2014–91; Lisa Dodson and Randy Albelda, "How Youth Are Put at Risk by Parents' Low–Wage Jobs," Center for Social Policy, University of Massachusetts, Boston, Fall 2012.

21 Thomas L. Friedman, The World Is Flat: A Brief History of the Twenty–First Century, New York: Picador, 2007.

22 "US Education Reform and National Security," Independent Task Force Report No. 68, New York: Council on Foreign Relations, 2012.

23 Jason L. Riley, "Was the $5 Billion Worth It?" Wall Street Journal, July 23, 2011.

24 Jim Horn and Ken Libby, "The Giving Business: Venture Philanthropy and the New-Schools Venture Fund," in Philip E. Kovacs, ed., The Gates Foundation and the Future of US "Public" Schools, New York: Routledge, 2011, pp. 172–3.

25 Diane Ravitch, Reign of Error: The Hoax of the Privatization Movement and the Danger to America's Public Schools, New York: Knopf, 2013, pp. 16–7. 라비치는 공교육 전문가이자 학생들의 열렬한 지지자다. 나는 교육에 대한 이 장의 논의를 전개하는 데 라비치의 연구에 크게 의지하고 있다. 독자들도 라비치의 블로그 dianeravitch.net에 방문해 보기를 권한다.

26 Ravitch, Reign of Error; Bill Gates, TED Talk.

27 Kovacs, The Gates Foundation and the Future of US "Public" Schools, pp. 172–; Riley, "Was the $5 Billion Worth It?"

28 Nancy Fraser, "Marketization, Social Protection, Emancipation: Toward a Neo–Polanyian Conception of Capitalist Crisis," in Calhoun and Derluguian, eds., Business as Usual.

29 Vicente Navarro, "Race or Class versus Race and Class: Mortality Differentials in the United States," Lancet 336: 8725, 1990: 1238–40.

30 Sarah C. P. Williams, "Gone Too Soon: What's Behind the High Infant Mortality Rate," Stanford Medicine, Fall 2013; David Cecere, "New Study Finds 45,000 Deaths Annually Linked to Lack of Health Insurance," Harvard Gazette, September 17, 2009.

31 Tom Paulson, "Gates Foundation Won't Take a Stand on Universal Health Coverage," Humanosphere, April 15, 2014; Carol Welch and Clint Pecenka, "Health in the Post−2015 Development Agenda," Seattle: Bill and Melinda Gates Foundation, 2013.

32 Riley, "Was the $5 Billion Worth It?"

33 Bill Gates, "How Teacher Development Could Revolutionize Our Schools," Washington Post, February 28, 2011.

34 이 이야기의 자세한 버전은 www.jamievollmer.com/blueberries에 나와 있다.

35 Bill Gates, TED Talk, 2009.

36 Kathleen Megan, "Charter School Group Gears Up to Lower Suspension Rate," Hartford Courant, July 8, 2013.

37 Erik. W. Robelen, "KIPP Study Finds High Student Attrition amid Big Learning Gains," Education Week, September 24, 2008.

38 Eric Holt−Giménez, Miguel A. Altieri, and Peter Rosset, "Ten Reasons Why the Rockefeller and the Bill and Melinda Gates Foundations' Alliance for Another Green Revolution Will Not Solve the Problems of Poverty and Hunger in Sub−Saharan Africa," Food First Policy Brief No. 12, San Francisco: Food First, 2006.

39 녹색혁명과 그 문제점에 대한 훌륭한 논의는 McMichael, Development and Social Change를 참고할 것.

40 Holt−Giménez, Altieri, and Rosset, "Ten Reasons."

41 "Giving with One Hand and Taking with Two: A Critique of AGRA's African Agricultural Status Report 2013," Johannesburg: African Centre for Biosafety, 2013, www.acbio.org.za/images/stories/dmdocuments/AGRA−report−Nov2013.pdf.

42 AGRA Watch, www.seattleglobaljustice.org/agra−watch/about−us/을 볼 것.

43 African Centre for Biosafety, "Giving with One Hand," p. 18.

44 Robert Rothstein, March 8, 2011, www.epi.org/publication/fact–challenged_policy/.

45 Dana Goldstein, "Grading 'Waiting for Superman,'" Nation, October 11, 2010.

46 Ravitch, Reign of Error, p. 33.

47 William J. Bushaw, "The Seven Most Surprising Findings of the 2012 PDK/Gallup Poll on Public Schools," Education Week blog, August 23, 2012.

48 Maggie Severns, "Whatever Happened to the $100 Million Mark Zuckerberg Gave to Newark Schools?" Mother Jones, March 28, 2013.

49 Robert Reich, "A Failure of Philanthropy," Stanford Social Innovation Review, Winter 2005.

마 치 며

전망과 대안

이윤이 아니라 인간의 필요를 위해 설계되는 세상

자본주의는 창조자이자 동시에 파괴자다. 지난 30년도 예외는 아니었다. 전대미문의 엄청난 부의 창출, 세계 통합, 기술혁신과 함께 불평등의 폭증, 갈수록 확대되는 환경 파괴, 자본주의가 최상의 시스템이라는 신념의 상실이 동시에 불거졌다. 자본주의에 대한 신념은 체념으로 대체되었다. 대부분의 사람들은 자본주의에 큰 문제가 있음을 인정하지만, 사회를 더 나은 방식으로 조직할 수 있는지에 대해서는 의문을 품고 있다.

막대한 부와 성공을 손에 넣은 자본의 새로운 선지자들 역시 이런 문제들을 인정하지만, 자본주의의 가능성에 대한 신념은 잃지 않았다. 이들은 기존의 정치 경제 시스템을 개선하고, 자본주의 시장의 범위를 확대하며, 우리 삶의 더 많은 측면들을 시장 논리에 종속시키고, 기업에서 열심히 일하는 것이 더 나은 삶을 위한 투쟁이라고 주입하는 데 문제의 해법이 있다고 믿는다.

이 새로운 선지자들이 제시하는 해법은 매혹적이고 그래서 상당한 반향을 일으키기도 한다. 우리 대부분은 셰릴 샌드버그와 존 매키, 오프라 윈프리와 빌과 멀린다 게이츠 부부의 우려를 공유하며, 사회를 개선할 수 있는 간단하고 그럴듯한 방법을 염원한다. 하지만 이들이 제시하는 이야기와 해법들은 불평등과 빈곤, 소외와 억압, 환경 파괴를 종식시키지 못할 것이다. 자본주의의 모순을 해소하지도 못할 것이다. 그 대신 이들의 해법은 기존의 사회적 권력관계와 이윤에 의해 추동되는 축적 구조를 강화하고, 오히려 애초에 부정적인 결과를 만들어 냈던 그 힘을 더욱 보강할 것이다. 역설적으로 이들은 이를 위해 자본주의에 대한 불만의 목소리를 높이고, 자본주의를 떠받치고 있는 구조와 제도·사람들을 억지로 강제하여 서서히 적응하고 일시적으로 위기를 견뎌 내도록 하며, 장기적으로는 현 시스템을 든든하게 뒷

받침하고 강화한다.

그렇다면 이는 자본주의에 도전하는 것이 무의미하다는 의미일까? 현 상태에 대한 모든 비판은 흡수되거나, 대체되거나, 아니면 간과되리라는 의미일까? 자본주의는 언제나 눈치 있게 힘 있는 여성들과 생태적인 사업 방식, 본질주의적인 원칙을 수용하고, 백신 프로그램에 돈을 댈 수 있다. 이런 비판과 프로젝트들은 이윤을 위한 생산 시스템에 내장된 엔진에 정면으로 맞서지 못하기 때문이다. 하지만 이윤을 위한 구조에 진정으로 도전하는 이야기와 사고들은 기존의 권력 구조가 쉽게 흡수하거나 왜곡시키거나 이행하지 못한다. 만일 이런 이야기와 사고들이 통합될 수 있다면 지금의 시스템은 근본적으로 변하게 될 것이다. 이런 것들은 결코 현 상태와는 타협할 수 없기 때문이다. 이런 사상들은 대단히 다른 사회, 즉 이윤이 아닌 인간의 필요라는 규칙에 의해 추동되는 사회에 대한 사고의 기초를 놓을 것이다.

그렇다면 급진적인 반자본주의 모델은 어떤 모습일까? 일단 이런 모델이 변화에 대한 하나의 통합된 서사일 수는 없다. 급진적인 반자본주의 모델은 수천 가지 이야기로 구성될 것이며, 모든 이야기는 더 나은 세상에 대한 고유의 관점을 담고 있을 것이다. 이런 대안적인 이야기들은 보통 기업적인 매체에서 다룰 정도로 충분히 큰소리를 내지 못하고 있긴 하지만, 이미 존재하고 있으며 갈수록 많은 사람들의 입을 통해 전달되고 있다. 엔탄야 리(N'Tanya Lee)와 스티브 윌리엄스(Steve Williams)는 "귀 기울이기" 프로젝트의 일환으로 미국 전역을 돌아다니며 더 나은 세상, 억압과 빈곤이 없는 세상을 만들기 위해 투쟁하는 조직가들을 인터뷰했다. 이들은 이 과정에서 헌신적인 운동가와 조직가들이 무수한 집합적인 프로젝트들을 운영하고 있고, 여기에는 새로운 프로젝트도 있지만 이미 우리에게 친숙한 프로젝트들도 있음을 알게 되었다.

이런 집합적인 비전은 여러 가지 당면한 목표와 철학을 지닌 프로젝트들로 구성된다. 환경 정의를 위해 투쟁하는 집단이 있는가 하면 이주민들의 권리를 위해 투쟁하는 이들도 있다. 패스트푸드 노동자 노조를 조직하려는 집단이 있는가 하면 자녀들이 학교에서 강도 높은 시험을 치르지 않기를 원하는 이들도 있다. 가정 폭력에 맞서 싸우는 집단도 있고, 범법자와 재소자의 시민권을 위해 투쟁하는 이들도 있다. 이런 집단들의 열정과 목표는 그 안에서 싸우는 사람들의 열정과 목표에 의해 만들어진다.

물론 이 모든 프로젝트와 그 안에 깃든 생각들은 서로 다르다. 하지만 진정으로 변혁적인 프로젝트와 생각들에는 단순히 현 체제를 개선하는 데 그치는 것과는 다른 핵심적인 공통점이 있다.

첫 번째 차별 지점은 민주주의를 수단이자 목적으로 강조한다는 데 있다. 이윤을 중심으로 굴러가는 사회에서 인간의 필요를 중심으로 굴러가는 사회로 이행하기 위해서는 우리가 참여하는 제도들과 우리가 시간을 보내는 장소들(학교, 직장, 지역사회)이 참여자들에게 그 운영 방식과 목적에 대한 실질적인 발언권을 부여하는 장소로 바뀌어야 한다.

미국은 공식적으로 민주주의 국가이고, 대부분의 시민들은 다른 많은 나라의 국민들이 누리지 못하는 권리를 누리고 있다. 하지만 양대 정당 모두 미국과 다른 나라의 빈민과 노동계급에게는 신자유주의적 자본주의의 비용을 짊어지도록 요구하면서 혜택은 엘리트로 쏠리게 만드는 프로그램을 거의 유사하게 설파하고 있다.

진짜 민주주의는 우리의 일터와 우리가 의존하는 제도 등 삶의 다른 영역에까지 적용될 때만 가능하다. 작업장은 협동조합의 형태로 소유·운영됨으로써 노동자들이 기업을 통제하고 잉여를 노동자 내에서 동등하게 배분하며, 노동자들의 노동과 삶에 대한 결정을 민주적으로 내릴 수 있어야 한다. 은행과 금융 제도, 인터넷(이제 모든 사람과 기업에게 없어서는 안 되는 존재가 된 제도)은 공적인 기관으로 전환되어야 한다. 교육정책에는 학부모와 교사, 행정가들의 집합적인 결정이 반영되어야 한다. 이런 형태의 프로젝트를 위해서는 민주주의의 정의에 대해 급진적으로 재(再)사고하고 이를 보다 확대할 필요가 있다. 물론 이는 벅찬 일일 수 있다. 하지만 지금 우리가 누리고 있는 민주적인 권리들은 국가가 그냥 하사하거나 기업에 의해 주어진 것이 아니라 수 세기에 걸친 아래로부터의 투쟁의 산물임을 기억할 필요가 있다. 모든 사람의 목소리에 귀를 기울이지 않고서는 집합적인 비전을 만들어 낼 수가 없다는 점에서, 이 투쟁은 선거제도라는 형식적인 겉치레 너머로 확대되어야 한다.

급진적인 반자본주의 프로젝트가 공유해야 할 두 번째 원칙은 탈상품화다. 자본주의의 역사는 갈수록 인간 삶의 많은 영역들을 상품으로 전환시키고, 우리의 기대와 가치, 규범을 기업의 입맛에 맞게 변형해 온 것이 특징이었다. 모든 변혁적 비전의 기본 요소는 자본주의 시장으로부터 우리 삶을 되찾아오는 투쟁이며, 건강과 배우고자 하는 욕망, 기본적인 주거 환경을 갖추고자 하는 욕망 같은 것들은 지불 능력에 관계없이 모두가 누릴 수 있어야 한다고 발언하는 것이다. 이런 것들은 상품이 아니라 권리가 되어야 한다. 무언가가 권리에서 상품으로 전환될 때마다, 이윤 동기가 우리의 삶을 쥐락펴락하는 힘이 증대된다. 반대로 우리가 집합적인 프로젝트를 통해 자본주의 시장 영역에 있던 것들을 하나하나 구해 낼 때마다, 우리 삶에 대한 자본의 장악력은 점점 약해진다. 집세나 아이들 보험금을 내지 못할까 봐 걱정할 일이 없어지면 사람들은 좀 더 용기를 내 상사에게 맞서고 민주주의를 발전시키는 프로젝트를 위해 투쟁할 것이다. 사회운동은 오랫동안 우리 삶의 영역들을 탈상품화하기 위해 투쟁해 왔고, 짧은 기간 동안 어느 정도 성공을 거두기도 했다. 하지만 최대의 실수는 차등복지수당(소득이나 직업적 지위 같은 요인들을 근거로 일정 부문의 인구에게만 혜택을 주는 사회적인 수당)에 안주한 것이었다. 이 수당은 자격 조건이 안 되는 사람들 내에서 악감정을 조장할 뿐만 아니라 정치적 공격 대상이 되기 쉽다. 1990년대 미국 복지 제도의 해체와, 사회보장 제도를 없애는 데 대한 저항 간의 대비는 많은 것을 말해 준다. 역사적으로 복지 프로그램들은 생계를 유지하기 위해 안간힘을 쓰는 노동계급과 중저소득층 가정은 배제한 채, 사회의 최빈층(과 가장 심하게 낙인 찍힌 집단)만을 대상으로 했다. 복지에 대한 보수적인 반대자들은 이 차이를 악용하여, 아무런 지원을 받지 못하는 사람들이 (얼마 되지도 않는) 국가의 지원을 받는 사람들에게 분풀이를 하도록 부추겼다.

반면 사회보장 제도는 거의 모든 사람들이 누린다. 사회보장 수당을 받지 못하는 사람은 인구의 4퍼센트에 불과하고, 미국인의 87퍼센트는 미래 세대를 위해 사회보장 제도를 유지해야 한다고 생각한다. 우리의 삶을 급진적으로 탈상품화할 수 있는 공간을 만들어 내기 위해서는, 모든 사람들이 소득에 관계없이 무상 고등교육, 국가가 책임지는 보편적인 의료보험, 최저 기본 소득 같은 사회적인 보장책들을 누릴 수 있어야 할 것이다.

민주화와 탈산업화 원칙을 포용하는 프로젝트와 사고는 단기적으로는 다양한 목표를 설정할 수 있지만, 장기적인 목표는 언제나 사람들의 일상생활을 개선시키는 것이 될 것이다. 이 목표를 달성하려면 해당 집단과 프로젝트는 마지막 목표인 재분배를 강조해야 한다. 상위 20퍼센트의 가구가 미국 전체 부의 약 90퍼센트를 장악하고 있으며, 상위 0.1퍼센트에 해당하는 슈퍼엘리트가 전체 부의 20퍼센트 이상을 틀어쥐고 있다. 물론 힘 있는 사람들은 불평등을 대수롭지 않게 여긴다. 이들은 몇몇 사람들이 말도 안 되게 부유하다고 해서 나머지 사람들이 그만큼 부유해지지 못하는 것은 아니라고 말한다. 이렇게 말하는 것은 힘 있는 사람들뿐만이 아니다. 미국인들은 능력 중심 사회에 대한 신념이 강한 편이다. 이들은 열심히 일하기만 하면 기존의 환경이나 재산 상태와 무관하게 성공할 수 있다고 믿는다. 몇몇 사례에서는 맞는 말일 수도 있지만, 시스템 전반적인 차원에서는 명백히 틀렸다. 부자에게 유리한 세법 때문에 부가 극단적으로 집중되면서 민주주의와 탈산업화가 근본적으로 한계에 부딪혔고, 이로 인해 국고가 탕진되고 만인에게 양질의 삶을 가능케 해 주는 수단들이 사라지고 있다. 부의 창출은 집단적인 과정이기 때문에, 부유세를 통해 부를 집단적으로 공유해야 한다. 동시에 탄탄한 국고를 유지하여 주거와 음식, 건강과 교육, 청정한 환경에 대한 만인의 권리가 충족될 수 있어야 한다.

이 세 가지 원칙이 무슨 마법 지팡이는 아니다. 이런 사고와 프로젝트를 실행한다 해도 하룻밤에 시스템을 바꾸지는 못한다. 지름길은 없다. 하지만 가능성은 존재한다. 위기와 불확실성, 불안이 팽배한 현 시점에서 새로운 자본주의 정신이 태동하고 있다. 지금까지 이 새로운 정신의 윤곽을 결정하는 가장 큰 목소리는 슈퍼엘리트들의 것이었다. 돈과 권력이 있는 자들은 현 상태에 대한 급진적인 비판을 흡수하고 대체하는 새로운 자본주의 정신을 설파한다. 셰릴 샌드버그, 존 매키, 오프라 윈프리, 빌과 멀린다 게이츠, 그리고 이들과 유사한 여러 사람들은 어째서 자본주의가 유일한 최상의 현실 가능한 시스템인지에 대한 새로운 이데올로기를 개발하고 있다.

그렇다고 해서 이것을 기정사실로 여길 필요는 없다. 결국 가장 중요한 것은 자본주의가 제대로 기능하려면 우리 대부분이 이 시스템을 신뢰하고 우리의 에너지를 여기에 자발적으로 쏟아부어야 한다는 것이다. 하지만 이런 기존의 신념과 규범들은 태곳적부터 존재했거나 고정된 것이 아니다. 이런 것들은 변화하고 진화할 수 있다. 집합적인 프로젝트와 급진적인 비전들은 우리가 우리의 삶과 사회를 어떻게 조직해야 하는가에 대한 다양한 신념과 규범을, 새로운 꿈과 사고를 진전시킬 수 있다. 자본주의를 어떻게 땜질해서 유지할 것인지가 아니라, 완전히 다른 종류의 사회에 대한 사고를 시작할 수 있다. 이윤이 아닌 인간의 필요를 위해 설계된 세상을 상상하고, 이를 건설하기 위해 힘을 모을 수도 있다.

더 읽어 보기

이 짧은 책에서 나는 주장을 간결하게 드러내기 위해 많은 학자들의 분석과 틀을 정제하여 핵심만 추려 냈다. 이 과정에서 이들의 연구를 위대하게 만들어 주는 정수(精髓)가 어쩔 수 없이 유실되었기 때문에, 여기서 논의된 주제에 관심 있는 독자라면 원자료를 직접 보는 것이 좋을 것이다. 이 책의 이론적인 뼈대를 잡는 데 도움이 된 저작들은 아래와 같다.

❀ 이데올로기와 스토리, 사회에 관하여
뤽 볼탄스키와 에바 치아펠로의 《자본주의 새로운 정신(The

New Spirit of Capitalism)》은 이 책에 가장 많은 영감을 제공한 자료로, 자본주의의 뛰어난 적응력과 수명에 관심 있는 사람이라면 반드시 읽어 봐야 할 필독서다. 이들의 책은 막스 베버의 기초 연구를 발판으로, 자본주의가 비판에 직면했을 때 어떤 식으로 진화하는지를 묻는다. 이들은 주로 프랑스의 신자유주의적 경영 방식에 초점을 맞추지만, 나는 이들의 틀을 확장시켜 사회의 수준에서 비판과 이데올로기, 적응의 역할에 대한 사고를 진전시켰다.

❀ 시장과 국가에 관하여

칼 폴라니의 고전 《위대한 전환》은 국가와 시장 간의 관계와, 국가가 자본주의 시장을 창조, 형성, 지탱하는 방식과 관련하여 나를 비롯한 많은 사람들의 사고에 지대한 영향을 미쳤다. 최근 들어 이 문제를 다루는 학술 연구들이 많이 발표되기도 했다. 그레타 크립너(Greta Krippner)는 《위기를 기회로 삼다(Capitalizing on Crisis)》에서 신자유주의 시기 동안 국가와 금융시장 간의 관계를 펼쳐 보인다. 버나드 하코트(Bernard Harcourt)는 《자유 시장이라는 환상(The Illusion of Free Markets)》에서 자유 시장 이데올로기와 처벌에 대해 설명하면서 이 문제를 다른 각도에서 접근한다. 샘 긴딘(Sam Gindin)과 레오 패니치(Leo Panitch)는 《글로벌 자본주의의 형성(The Making of Global Capitalism)》에서 광각렌즈를 사용하여 미국이 어떻게 글로벌 자본주의를 창조하고 지탱하는 데 중심적인 역할을 하게 되었는지를 보여 준다.

⊛ 자연에 관하여

자연과 자본주의 간의 관계는 많은 책에서 다뤘지만, 아마 가장 유익한 저작은 닐 스미스의 《불균등 발전(Uneven Development)》일 것이다. 스미스의 저작은 자본주의 사회가 어떻게 공간뿐만 아니라 자연 자체를 창조해 내는지를 살핀다. 에릭 스윈거두(Erik Swyngdeouw)의 연구도 유사한 주제를 탐색한다. 스윈거두의 논문 〈불가능한 지속 가능성과 탈정치적 조건(Impossible Sustainability and the Post-Political Condition)〉은 지속 가능한 자본주의의 문제를 이해하는 데 관심 있는 사람이라면 꼭 읽어야 하는 글이다. 이 글은 데이비드 깁스(David Gibbs)와 롭 크루거(Rob Krueger)의 《지속 가능 발전 역설(The Sustainable Development Paradox)》에 실려 있다

⊛ 자본주의와 신자유주의에 관하여

자본주의와 신자유주의를 다루는 문헌은 엄청나게 방대하다. 데

이비드 하비는 자본주의의 근본적인 추동력에 대해 깊이 있는 사고를 진행해 왔다. 이 책에서 나는 《자본이라는 수수께끼》를 인용했지만, 하비는 유사한 영역을 다루는 훌륭한 책들을 많이 출간했다. 글로벌 자본주의와 금융화, 권력과 헤게모니에 대한 조반니 아리기(Giovanni Arrighi)의 분석은 지난 30년간 진행된 재구조화와 관련된 모든 연구에 대단히 중요하다(가령 《장기 20세기》와 《베이징의 애덤 스미스》를 볼 것). 신자유주의에 대한 연구는 경제에서 문화에 이르기까지 다양한 분야를 아우른다. 재니스 펙의 책 《오프라 윈프리의 시대》는 신자유주의의 문화와 개인에 대한 광신적 숭배를 엿볼 수 있는 매력적인 창과 같다.

⚅ 젠더와 노동, 정체성에 관하여

케이시 윅스는 노동과 여성주의의 문제들을 다루는 매혹적인 책 《노동의 문제(The Problem with Work)》를 저술했다. 이 책은 여성주의 프로젝트에서 노동 윤리의 중심성 문제를 검토하지만, 노동 중심적인 지배적인 유토피아 비전에 대한 대안을 개발하는 문제나, 새로운 유토피아 비전을 위한 공간을 만들어 낼 수 있는 급진적인 요구의 힘 같은 더 큰 문제들 역시 다룬다. 노동에 대해 좀 더 구체적인 관심을 가진 독자라면 해리 브레이버만(Harry

Braverman)의《노동과 독점자본》, 댄 클로슨(Dan Clawson)의《더 넥스트 업서지(The Next Upsurge)》, 릭 판타지아(Rick Fantasia) 의《연대의 문화》, 비버리 실버(Beverly Silver)의 눈부신 책《노동의 힘》을 읽어 보기 바란다.

감 사 의 말

짧은 책이지만 감사 인사를 전해야 할 사람은 결코 적지 않다. 마르코스 마리노 베이라스(Marcos Marino Beiras)와 리처드 디엔스트(Richard Dienst)는 내게 정치경제학과 문화 이론을 소개해 주었다. 조반니 아리기와 비버리 실버는 자본주의의 과정들을 인내심 있게 설명해 주었고, 이들의 생각 중 많은 부분이 이 책에서 차용되었다. 멘토이자 친구인 샘 긴딘은 자본에 저항하는 방법에 대한 나의 생각에 지대한 영향을 미쳤다. 자포니카 브라운 사라시노(Japonica Brown-Saracino), 미카 터커 아브람슨(Myka Tucker Abramson), 에밀리오 사우리(Emilio Sauri)는 모두 각 장의 초고를 읽어 주었다. 미카는 나와 엄청나게 많은 커피를 마시며 내 주장을 정리하는 데 도움을 주었고, 에밀리오와 나는 상품화에 대한 토론을 하면서 수많은 시간을 보냈다. 초고에 유익한 제안을 해 준 버소출판사의 오드리 림(Audrea Lim)과, 따뜻한 지원과 열정을 아끼지 않은 바스카 순카라(Bhaskar Sunkara), 사랑스러운 표지 디자인을 해 준 리메이크 포브스(Remeike Forbes)에게도 감사의 말을 전한다. 마지막으로 친구와 가족들에게도 감사의 말을 전한다. 정의를 위해 한결같이 헌신하는 엘런 휘트(Ellen Whitt)와 브라이언 넬슨(Bryan Nelson), 변함없는 우정을 지키고 있는 인드라니 채터지(Indrani Chatterjee)와 수산나 도밍고아메스토이(Susana Domingo-Amestoy), 그리고 꾸준한 지원을 보내 주시는 나의 어머니 조안 애쇼프(Joan Ashoff)에게 감사의 말을 전한다. 인생의 동반자 판카즈 메흐타(Pankaj Mehta)에게는 너무나 큰 빚을 져서 말로 다 표현할 수 없을 정도다. 열정과 에너지, 사랑으로 내게 희망을 북돋워 준 두 딸 일라(Ila)와 시미(Simi)에게 이 책을 바친다.

역 자 후 기

제대로 공부한 유학자가 있기는 했는지 모르겠지만 유교를 종
교처럼 신봉하고 오랜만에 만난 웃어른껜 '절'을 해야 예의며 여자
가 남자보다 많이 배워서 득 될 것이 없다고 생각하는 집안에서
젊은 시절 내내(그리고 어쩌면 지금까지도) 아버지와 불화해 놓고
갑자기 논어에 꽂혀 아버지의 서가에서 낡은 책을 찾아 들고 나오
는데 왠지 뒤통수가 멋쩍다. 육체가 노화되면 머리가 보수화되는
것도 자연스러운 일이라며 스스로를 위로해 보지만 그것만으로는
개운치가 않다. 과거에 비해 일상의 교란을 두려워한다는 점에선
보수화되었다고 할 수도 있겠지만, 세상사에 비분강개하는 마음

만은 20년 전과 크게 다를 바 없는데, 가부장적 권위 앞에선 아무리 용을 써도 평정심을 잃게 되는 건 지금도 여전한데, 나는 어째서 이름만 들어도 숨이 막히던 공자님 말씀이 궁금해진 걸까.

인간과 인공지능의 대결이라며 바둑 한판에 온 나라가 떠들썩했던 날, 문득 그런 생각이 들었다. 평범한 사람들은 도저히 따라잡을 수 없을 정도로 기술이 발전을 거듭하고 정보가 초 단위로 갱신되는 시대를 살면서 그 속도를 따라가려다간 가랑이가 찢어질 수밖에 없음을 알기에, 도리어 유구한 세월을 견뎌 낸 말과 지혜를 찾을 수밖에 없는 게 아닐까 하고.

혹자는 또 그 소리냐고 할지 모르겠다. 혹자는 낡은 사상의 변주일 뿐이라고 할지 모르겠다. 하지만 나는 아무리 읽고 또 읽어봐도 '틀린' 소리 같지는 않다. 예전에 누군가가 비슷한 소리를 했다 해도, 설사 그게 오래전에 만들어진 사상에서 유래했다 해도, 그 이유로 저자의 주장을 기각할 수는 없다. 아니 오히려 그 점이, 그러니까 오랜 세월 한 사람도 아니고 숱하게 많은 사람이 비슷한 주장을 반복하고 있다는 건, 한번쯤 귀 기울여 듣고 생각해볼 만한 이유가 아닌가 싶다.

세상은 어떤 면에선 경이를 넘어 충격을 안겨 줄 정도로 눈부시게 바뀌는 것 같지만, 또 어떤 면에선 이가 갈릴 정도로 구태에 절어 있다. 그리고 어쩌면 변하지 않는 것들이 그 화려한 변화를 주도하고 있는지도 모른다. 이럴 때일수록 온고지신을 새겨야 하지 않을지. 그러고 보니 이 책이 포함된 자코뱅시리즈가 일종의 온고지신 정신을 담고 있다고도 볼 수 있겠다. 개인적으로도 좋은 성찰의 기회를 주신 펜타그램의 박종일 대표님께 감사의 말을 전한다.

자본의 새로운 선지자들

21세기 슈퍼엘리트 스토리텔러 신화 비판

2017년 11월 28일 초판 1쇄 찍음
2017년 11월 28일 초판 1쇄 펴냄

지은이 | 니콜 애쇼프
옮긴이 | 황성원
펴낸이 | 박종일

교정교열 | 박종일
디자인 | 김성아
제작 | 창영 프로세스(주)

펴낸곳 | 도서출판 펜타그램
출판등록 | 2004년 11월 10일(제313-2004-0000259호)
주소 | 서울시 마포구 망원로 19 참존1차아파트 5층 501호
전화 | 02-322-4124
팩스 | 02-3143-2854
이메일 | penta322@chol.com
블로그 | http://blog.naver.com/pentapub

ISBN 978-89-97975-09-9 03300
한국어판ⓒ도서출판 펜타그램, 2017